Ein Wort

zur

Aufhebung der gerichtlichen Voruntersuchung

von

Prof. Dr. Alois Zucker
in Prag.

Berlin 1904.
J. Guttentag, Verlagsbuchhandlung,
G. m. b. H.

Vorbemerkung.

Wir haben bei der IX. Jahresversammlung der deutschen Landesgruppe der Internationalen kriminalistischen Vereinigung (zu Dresden im Juni 1903) den uns vielfach vermerkten Ausspruch getan, „dass man sich an der Frage der Reform des Vorverfahrens in Strafsachen bereits müde geschrieben und auch müde gelesen habe“.

Diesen Ausspruch vermöchten wir nach einer manifestartigen Erklärung des Herrn Prof. Gross in dieser Sache (Archiv für Kriminalanthropologie Bd. 12 S. 191—218*) nicht mehr aufrecht zu erhalten.

Jene Erklärung widerlegt unsere Annahme, dass die Debatte über die Reform des Vorverfahrens bereits geschlossen werden könnte, sie beweist vielmehr, dass es an weiteren ernsten Versuchen not tut, sich mit einzelnen Beurteilern der erwähnten Frage über das Wesen und die Bedeutung derselben auseinanderzusetzen.

Wir bringen für einen solchen Versuch die volle Loyalität unseres freundlichen Verhältnisses zu Herrn Prof. Gross mit, und sind darum auch einer gerechten Beurteilung unserer Einwendungen gegen den von Herrn Prof. Gross eingenommenen Standpunkt gewärtig.

Der Leser dieser Abhandlung wolle geneigt zur Kenntnis nehmen, dass wir uns, um nicht Gesagtes wiederholen zu müssen, im Hinblicke auf unsere, betreffs dieser Frage bereits publizierten Arbeiten, in manchen Punkten kürzer gefasst haben.

---

*) Die betreffende Abhandlung: „Zur Frage der Voruntersuchung“ liegt uns in Sonderabdrucke vor und soll in dieser letzteren Form hier zitiert werden.

Dagegen wurde der Inhalt der Abhandlung des Herrn Prof. Gross, welche den Anlass zu der neuerlichen Auseinandersetzung gegeben hat, zum Teile ausführlich reproduziert.

Es geschah dies nicht, um den Umfang dieser Schrift anschwellen zu lassen, sondern, um eine verlässliche Grundlage zur Beurteilung jener Differenzen zu liefern, die zwischen der Auffassung des Herrn Prof. Gross und der unseren bezüglich der Frage der Reform des Vorverfahrens obwalten.

Die letztere Frage kann wohl nur dadurch gefördert werden, wenn die Streitpunkte zwischen den Gegnern und Freunden der gerichtlichen Voruntersuchung möglichst eingehend vorgelegt werden.

I.

In seiner Darstellung will Herr Prof. Gross die Aufmerksamkeit zunächst auf den „symptomatologischen Standpunkt" lenken, der „für ihn" darin liege, dass man in den Verhandlungen der Internationalen kriminalistischen Vereinigung (zu Bremen, Petersburg und Dresden) einerseits die Überzeugung von der Notwendigkeit der Reform des Vorverfahrens aussprach, dass man aber auch „von mehreren Seiten" rundweg erklärte, die Sache sei noch immer nicht genügend vorbereitet, um zu einem endgültigen Resultate, einer Abstimmung, gelangen zu können.

In dem Ausspruche „die Sache sei nicht genügend vorbereitet" liege, so behauptet wiederholt Herr Prof. Gross, nur der Ausdruck für die „im Unterbewusstsein" auftretende Empfindung: wir sind nicht auf dem richtigen Wege.

„Wir Alle" — so erklärt Herr Prof. Gross in dem betreffenden Absatze (S. 1 u. 2), „empfinden ganz richtig, dass die heutige Form der Voruntersuchung ihren Zwecken durchaus nicht entspricht, es muss geändert werden, aber der vorgeschlagene Weg, die (richterliche) Voruntersuchung zu beseitigen, ist doch nicht der richtige."

Mit dem Geständnisse des Herrn Prof. Gross, dass die heutige Form der Voruntersuchung ihren Zwecken durchaus nicht entspreche, dass sie geändert werden müsse, lässt es sich vor allem schwer vereinen, dass Herr Prof. Gross im weitern Verlaufe seiner Abhandlung eine Änderung der heutigen Form des Vorverfahrens gleichwohl nicht in Vorschlag bringt, vielmehr eben diese heutige Form des Verfahrens gegen jeden Abänderungsversuch energisch verteidigen zu müssen glaubt.

Was nun aber die Supposition selbst betrifft, nach welcher in der Erklärung Einzelner „die Sache sei nicht genügend vorbereitet" ein Votum dieser Einzelnen gegen die Beseitigung der gerichtlichen Voruntersuchung liegen solle, so lässt sich gegen eine solche Behauptung schwer ankämpfen, weil sich dieselbe auf keinen Nachweis zu stützen versucht. Uns ist es nicht recht verständlich, warum einzelne Teilnehmer an der Diskussion der Frage es unterlassen hätten, sich ausdrücklich gegen die Beseitigung der gerichtlichen Voruntersuchung zu erklären, wenn sie mit Herrn Prof. Gross diesen Weg der Reform für den unrichtigen angesehen haben würden. — Will man zwischen dem Ausspruche, dass die heutige Form des Vorverfahrens geändert werden müsse, und der Klage. dass die Sache noch nicht genügend vorbereitet sei, einen Widerspruch erkennen, der von einem bestimmten „Unterbewusstsein" Zeugnis gibt, so möchten wir für diese Erscheinung eine andere Erklärung versuchen, als jene, mit welcher Herr Prof. Gross debütiert.

Wenn Einzelne „die Sache nicht genügend vorbereitet finden" und aus diesem Grunde — trotz der Anerkennung der Reformbedürftigkeit des heutigen Vorverfahrens — die Entscheidung über diese Frage vertagt wissen wollen, so ist eine solche Erscheinung gewiss nicht auf die „Empfindung" zurückzuführen, dass die Beseitigung der gerichtlichen Voruntersuchung keine Abhilfe zu bringen vermöchte, sondern sie ist durch die einfache Tatsache zu erklären, dass es dem betreffenden Beurteiler an dem nötigen Mute fehlt, sich für die Beseitigung der gerichtlichen Voruntersuchung auszusprechen. Hierin finden wir übrigens nichts Auffälliges. Ein Institut, welches durch ein volles Jahrhundert in Wirksamkeit ist und, durch irrtümliche Voraussetzungen gefördert, eine vielfache, wenn auch unverdiente Anerkennung gefunden hat, schlägt eben tiefere Wurzeln ins allgemeine Rechtsbewusstsein und es gehört der volle Mut der Überzeugung dazu, um gegen die weitere Aufrechthaltung eines solchen Institutes zu stimmen — ein Mut, den nicht Alle zu prästieren vermögen, selbst, wenn sie sich zur Erkenntnis der Notwendigkeit einer Reform des Vorverfahrens hindurchgearbeitet haben.*)

---

*) Dieser Anschauung haben wir bereits in unserer Abhandlung „Über einige Reformen des Vorverfahrens im modernen Strafprozesse" — S. 111 — Ausdruck gegeben. Herr Prof. Gross wird dieser unserer Supposition um so

II.

Von der Voraussetzung ausgehend, dass man mehrfach nur darum die Entscheidung in unserer Frage vertagt wissen wolle, weil die vorgeschlagene Beseitigung der gerichtlichen Voruntersuchung nicht als das richtige „Heilmittel" erkannt werden könne, warnt sodann Herr Prof. Gross vor dem Versuche, die gerichtliche Voruntersuchung g e s e t z l i c h zu beseitigen, indem er ausführt: „Nichts sei gefährlicher als Verbesserung am unrichtigen Orte. Angestrebt wird Verbesserung der Zustände durch Änderung der diesfälligen gesetzlichen Bestimmungen, also legislatorisches Eingreifen. Nehmen wir an, dass das erstrebte Ziel erreicht und eine gesetzliche Änderung im verlangten Sinne durchgeführt wird, so haben wir dann ein neues Gesetz, welches . . . doch auf absehbare Zeit Gültigkeit behalten muss — ein Gesetz zu erzwingen, dessen Grundlagen aber immer und immer wieder als nicht genügend vorbereitet bezeichnet wurden, das wäre bedenklicher Gewinn . . ."

Hier fehlt es zunächst an dem Nachweise, dass die Beseitigung der gerichtlichen Voruntersuchung sich als eine zweckwidrige Neuerung darstellen würde, und es ist gewiss weiter zweifelhaft, ob die Klagen „E i n z e l n e r" über den Mangel der nötigen Vorbereitung der Sache zu dem Ausspruche berechtigen, dass ein Gesetz erzwungen werden will, welches i m m e r w i e d e r als nicht genügend vorbereitet bezeichnet werden müsse; indes sollen diese Ausführungen hier noch keiner näheren Prüfung und Beurteilung unterzogen werden. Was jedoch erörtert werden muss, ist das

---

weniger eine Prüfung und Würdigung versagen, als er im weiteren Verlaufe seiner Abhandlung bezüglich einer a n d e r e n Reformfrage des heutigen Verfahrens genau zu d e n s e l b e n Ergebnissen gelangt. So spricht sich derselbe (S. 25 der oben zit. Abhandlung) mit grosser Entschiedenheit gegen das Geschworenen-Institut aus, fordert dessen endliche Beseitigung und erklärt bei diesem Anlasse wörtlich:

„A n d e r E r k e n n t n i s m a n g e l t e s n i c h t, im Innersten sieht jeder erfahrene Kriminalist den Unwert und die Schädlichkeit des Geschworenen-Institutes ein — e i n z i g u n d a l l e i n d i e C o u r a g e f e h l t, um energisch mit dem Institute zu brechen: s o h a b e m a n s i e d o c h e n d l i c h e i n m a l!"

Liessen sich diese kräftigen Worte nicht auch auf die Frage der Aufhebung der gerichtlichen Voruntersuchung anwenden?

deutlich erkennbare Streben des Herrn Prof. Gross, seinem Appell gegen die Beseitigung der gerichtlichen Voruntersuchung dadurch Vorschub zu leisten, dass er insbesondere vor der Einführung neuer gesetzlicher Bestimmungen warnt.

Unsere heutige Juristenwelt schreckt man in höchst wirksamer Weise, wenn man auch nur die Behauptung aufstellt, dass irgend ein neues Gesetz mangelhaft sein dürfte, gleichwohl aber für längere Zeit werde in Gültigkeit bleiben müssen, und von diesem Standpunkte aus, von einem Tausche abrät, der nur Schaden, aber keinen Vorteil bringen werde.

Behauptungen solcher Art verfangen leicht, weil durch dieselben der Erfolg der Bemühungen um das Zustandekommen eines neuen Gesetzes in Frage gestellt wird, und weil es doch ziemlich schwierig ist, in vorhinein den Nachweis zu liefern, dass die bezüglich der praktischen Handhabung eines erst zu gewärtigenden Gesetzes gehegten und geäusserten Besorgnisse durchaus ungegründet seien.

Allgemein ist die Klage über den heutigen misslichen Stand des kriminalistischen Vorverfahrens und Herr Prof. Gross stimmt, wie wir gesehen haben, derselben rückhaltslos zu; gleichwohl bietet er Alles auf, um es bei der bisher geltenden Gesetzgebung sein Bewenden finden zu lassen; hierin liegt ein Widerspruch, dessen Lösung, wie dieselbe in der weiter folgenden Auseinandersetzung des Herrn Prof. Gross versucht wird, einer eingehenden Prüfung unterzogen werden muss. Hier aber soll schon bemerkt werden: Ist eine Prozessprozedur als unrichtig und unzweckmässig erkannt worden, wie dies bezüglich des heute geltenden Vorverfahrens ganz ausnahmslos der Fall ist, dann sollte eine solche Anschauung vor allem durch eine Änderung der Prozessnormen zur Wirksamkeit gelangen, denn es ist wohl schwer denkbar, dass man das unrichtige Verfahren beseitigen, dabei aber das Gesetz, auf welchem das verfehlte Verfahren ruht, unberührt in Geltung zu belassen vermöchte.

III.

Am allerwenigsten sollten sich aber die Anhänger des Institutes der gerichtlichen Voruntersuchung mit der geltenden Prozessgesetzgebung zufriedengeben, weil doch diese den von ihnen gestellten Anforderungen nur in dem bescheidensten Masse entspricht.

Wer für das Prinzip der gerichtlichen Voruntersuchung mit jener Energie eintritt, welche wir in der Darstellung des Herrn Prof. Gross zu konstatieren haben werden, sollte sich nicht mit einer Gesetzgebung bescheiden, welche die Einleitung der gerichtlichen Voruntersuchung nur bei einer kleinen Gruppe von Strafuntersuchungen kategorisch anordnet, in einer andern grössern Gruppe diese gerichtliche Voruntersuchung nur über Verlangen der Parteien zulässt, und in allen übrigen Fällen, dieselbe sogar für schlechthin unzulässig erklärt.

Wenn die gerichtliche Voruntersuchung in Wirklichkeit alle jene Vorzüge aufweist, welche ihr Herr Prof. Gross peremptorisch zuerkannt wissen will, dann wäre es vornehmlich an ihm und an jenen, die ihm zustimmen, eine Änderung der Gesetzgebung anzustreben, damit dem von ihnen geförderten Institute eine grössere Wirksamkeit, als bisher, eingeräumt werde. Dass dies konsequent unterlassen wird, dass man sich bezüglich der Wirksamkeit der gerichtlichen Voruntersuchung mit dem jetzigen Stande der Gesetzgebung begnügt, muss wohl Befremden erregen. Es darf vielleicht angenommen werden, dass man dann doch von der Vortrefflichkeit der gerichtlichen Voruntersuchung nicht so fest überzeugt sein dürfte, und dass es auch hier ein „Unterbewusstsein" geben mag, welches vor der Ausdehnung der Wirksamkeit dieser Art des Vorverfahrens zurückhält.

Aber noch an einer andern weit wichtigern Erscheinung des Rechtslebens darf bei der Prüfung der Reform des Vorverfahrens nicht achtlos vorübergegangen werden, an der nämlich, dass die Praxis, wie wir in unserer Abhandlung (Über einige Reformen des Vorverfahrens) ausführlich gezeigt haben*) die gesetzlichen Bestimmungen, insoweit dieselben die

*) a. a. O. S. 124—130.

Die Verhältnisse haben sich seither nicht geändert. Die deutsche Justiz-Statistik aus dem Jahre 1903 (Jahrg. XI) enthält S. 205 gleich jener aus dem

Einleitung der gerichtlichen Voruntersuchung anordnen, immer häufiger zu umgehen sucht, und dass sie bei diesem Vorgehen von der Justizgewalt nachdrücklich unterstützt wird.

Wir billigen diese Erscheinung nicht, weil die Praxis sich mit den gesetzlichen Normen in Einklang zu befinden hat, aber die nicht hinwegzuleugnende Tatsache des konstanten und rapiden Rückganges der Zahl der gerichtlichen Voruntersuchungen spricht doch gewiss nicht für die Notwendigkeit der Erhaltung der gesetzlichen Bestimmungen über dieselbe, sondern weit eher für das Gegenteil! Das einfache Verharren auf dem gegenwärtigen Standpunkte der gesetzlichen Aufrechthaltung des Institutes der gerichtlichen Voruntersuchung, wie es von Herrn Prof. Gross eifrigst empfohlen wird, steht mit dem offen zutage tretenden Bedürfnisse der Strafrechtspflege im unvereinbaren Widerspruche.

Eine gründliche Revision der Frage, ob die gesetzlichen Bestimmungen über die gerichtliche Voruntersuchung noch aufrecht erhalten werden können, scheint uns daher schon mit Rücksicht auf diese Tatsache allein unvermeidlich geworden zu sein. — Würden die Gründe, welche die Anhänger der gerichtlichen Voruntersuchung zu Gunsten der Aufrechthaltung derselben geltend machen, für durchschlagend erkannt werden können, dann müsste eine Diversion zum Zwecke der Ausdehnung der Wirksamkeit dieses Institutes in Gesetzgebung und Praxis platzgreifen; siegt dagegen die Anschauung, dass die gerichtliche Voruntersuchung ihre Aufgabe nicht zu erfüllen vermag, dann sollte mit den noch vor-

---

Jahre 1902 die Bemerkung, „dass sich die Häufigkeit der Voruntersuchungen ständig und sehr erheblich verringert".

Unter je 1000 überhaupt beendeten Vorverfahren befanden sich im Quinquennium 1896/1900 38 gerichtliche Voruntersuchungen, die Zahl derselben ist im Jahre 1901 auf 36, also auf 3,6% herabgegangen.

Auf je 1000 vor den Schwurgerichten oder Strafkammern eröffnete Hauptverfahren entfielen gerichtliche Voruntersuchungen im Quinquennium 1896/1900 275, im Jahre 1901 nur 268. Werden die diesfälligen Ergebnisse des Jahres 1901 mit jenen des Quinquenniums 1881/1885 verglichen, so ergibt sich bei 1000 beendeten Vorverfahren der geradezu exorbitante Rückgang von 68 auf 36, bei 1000 eröffneten Hauptverfahren von 405 auf 268 gerichtliche Voruntersuchungen, also fast um 50%!! Eine solche statistisch festgestellte Tatsache sollte seitens der Anhänger der gerichtlichen Voruntersuchung doch nicht unberücksichtigt bleiben!

handenen gesetzlichen Bestimmungen über die Einleitung und Durchführung derselben gründlich und entschieden aufgeräumt werden — der Antrag des Herrn Prof. Gross, es bei den jetzt geltenden Bestimmungen sein Bewenden finden zu lassen, ist somit unter allen Umständen verfehlt — sollte er durchdringen können, so würden sich die schon misslich gewordenen Verhältnisse des modernen Strafverfahrens weiterhin nur noch ungünstiger gestalten müssen.

IV.

Prüfen wir nunmehr, was Herr Prof. Gross gegen den Vorschlag, die gerichtliche Voruntersuchung zu beseitigen, der Hauptsache nach einwendet.

Er erklärt S. 4.

„Wir wollen uns vorstellen, dass jeder Straffall, der zur Anzeige kommt, direkt an den Staatsanwalt geleitet wird, der nun den ‚Fall vorbereitet', damit er zur Hauptverhandlung gelangen kann.

„Bleiben wir einmal bei der Tätigkeit des Staatsanwalts in ihren einfachsten Formen; er kann durch die Sicherheitsbehörden gewisse Vornahmen, Feststellungen, Erhebungen usw. veranlassen, er kann bestimmte Akten beischaffen .... er kann allenfalls auch im schriftlichen Wege erheben, wo sich der Verdächtige zu einer bestimmten Zeit befunden hat, wieviel Geld er besass, was er getrieben hat usw. — alles das bietet keinerlei Schwierigkeiten ..."

Wenn wir dasjenige, was hier der eigenen Untersuchungstätigkeit des Staatsanwaltes zugewiesen wird, zusammenfassen, so fällt es schwer, sich Herrn Prof. Gross als Gegner der Beseitigung der gerichtlichen Voruntersuchung vorzustellen.

Wenn der Staatsanwalt durch die Sicherheitsbehörden „Vornahmen", „Feststellungen", „Erhebungen" veranlassen kann, wie dies Herr Prof. Gross ausdrücklich einräumt — dann scheint doch wohl die Untersuchungstätigkeit desselben sich nach jeder Richtung hin entfalten zu können!

Wir vermögen uns wenigstens die „Feststellungen" und „Erhebungen", die über Veranlassung des Staatsanwaltes vorgenommen werden sollen, kaum anders zu denken, als dass Sachverständige, Zeugen, ja selbst die Verdächtigen und Beschuldigten von der Sicherheitsbehörde vorgerufen und über den Gegenstand der Strafuntersuchung vernommen zu werden haben. Herr Prof. Gross legt also hier fast die gesamte Untersuchungstätigkeit in die Hand der Staatsanwaltschaft und der ihr unterstehenden Sicherheitsbehörde und es sollte, von diesem Gesichtspunkte aus betrachtet, eigentlich keinen Streit zwischen ihm und jenen geben, welche die gerichtliche Voruntersuchung zur Gänze entbehren zu können vermeinen.

Indes in seiner weiteren Darstellung macht Herr Prof. Gross die Hoffnung auf sein Einverständnis mit der Beseitigung der gerichtlichen Voruntersuchung wieder gründlich zu nichte.

V.

Er erklärt nämlich in einem unmittelbar sich anschliessenden Absatze seiner Darstellung, dass man bei der Führung der Untersuchung durch das Medium der Sicherheitsbehörde „auf Schwierigkeiten stosse, wenn es sich um Zeugeneinvernehmungen handelt".

Diese Schwierigkeiten erblickt Herr Prof. Gross in folgendem.

„Man verlangt dermalen" — so sagt er — „dass Zeugen womöglich das erste Mal schon bei der Hauptverhandlung vernommen werden. Wie man sich das denken soll, ist mir durchaus nicht erfindlich, zweifellos richtig ist es, dass unvermittelte Aussagen oft, aber nicht immer die besten sind: aber auch dieses ‚Beste' lässt sich mit den uns zugänglichen Mitteln nicht erreichen. Ob jemand ein Zeuge ist, d. h. ob er etwas für die Sache Dienliches weiss, das wird man in der Regel nur durch ihn selbst erfahren, d. h. er muss erst einmal als Zeuge vernommen werden. Allerdings erfährt man auch durch dritte Personen mitunter, dass jemand z. B. einen Vorgang gesehen oder gehört hat, aber diese Fälle sind nicht häufig und wenn sie vorkommen, so erfährt man doch erst durch die Vernehmung dieser so namhaft gemachten Zeugen, ob sie wirklich etwas wissen . . .

„Aber wir machen diesfalls auch noch eine andere, ebenso wichtige als psychologisch leicht erklärbare Erfahrung. Es ist ja richtig, dass halbwegs wichtige Zeugen in der Regel dreimal vernommen werden; zuerst eruiert der Polizist oder Gendarm den betreffenden Auskunftsmann und lässt sich von ihm erzählen, was er etwa weiss; der Polizist teilt dies dem Untersuchungsrichter mit, und dieser vernimmt den Mann nun förmlich zu Protokoll und bei der Hauptverhandlung äussert er sich endlich zum dritten Male.

„Es ist nun freilich nicht zu leugnen, dass dies seine misslichen Folgen hat: Die Aussage wird . . . ‚abgenützt', sie verliert an Frische und Unmittelbarkeit, der Zeuge wird durch die mehrfachen Vernehmungen molestiert und sagt er in den drei Malen verschieden aus, so gibt das erhebliche Schwierigkeiten . . ."

Wie wir hier lesen, gibt Herr Prof. Gross ausdrücklich zu, dass der übliche Vorgang, der zu einer mindest dreimaligen Vernehmung jedes halbwegs wichtigen Zeugen führt, seine misslichen Folgen haben muss, aber er geht auf eine Würdigung der von ihm selbst zugestandenen Nachteile nicht ein, sondern debutiert mit der resignierten Behauptung, dass diese Schwierigkeiten „unbeseitigbar" in der Sache selbst liegen.

Statt sich mit der Lösung der Frage zu beschäftigen, wie doch die drei- und mehrfache Vernehmung des Zeugen vermieden werden könnte,*) meint Herr Prof. Gross, dass diese

---

*) Wir würden glauben, dass die Sache ziemlich einfach liege. Wer die misslichen Folgen einer mehrmaligen Vernehmung jedes „halbwegs wichtigen Zeugen" einsieht, muss eben dafür eintreten, dass die Vernehmung möglichst eingeschränkt werde. Ist es mit Wahrscheinlichkeit anzunehmen, dass jemand von einer Strafsache nähere Kenntnis hat, so genügt es, ihn als Zeugen zur Vernehmung vorzuladen und schon durch Befolgung dieses natürlichen Grundsatzes könnten von den drei Vernehmungen zwei oder doch wenigstens gewiss eine entfallen.

Herr Prof. Gross begnügt sich aber nicht mit dem Nachweise, dass mehrfachen „Wahrnehmungen“ (soll wohl heissen „Vernehmungen“) „wenigstens sehr oft dringend notwendig seien“ und führt, um dies nachzuweisen, folgendes an.

Er erklärt: „Ich habe einmal irgendwo des Genaueren ausgeführt, dass von drei Aussagen, die nach dem Gesagten die meisten wichtigen Zeugen ablegen, in der Regel die vor dem Untersuchungsrichter abgegebene die weitaus beste ist. Der Grund hiervon ist psychologisch leicht dahin zu geben, dass dem Zeugen sein eigenes Verhör vor dem Gendarmen zu wenig, vor dem Vorsitzenden, zumal im Geschworenengerichte, zu viel imponiert. Nehmen wir die Sache vor, wie sie sich zu ereignen pflegt; sagen wir, es sei auf dem Lande irgend etwas Grosses geschehen und der erhebende Gendarm erfährt, dass der Bauer N. von der Sache etwas weiss, und beschliesst den Mann, an dessen Behausung er vorübergehen muss, zu befragen. Er findet ihn bei der Arbeit, und vor dem Stalle stehend, besprechen die zwei Männer die Sache. N. weiss allerdings Namhaftes zu sagen; dabei gibt er sich aber keine grosse Mühe. Die Wichtigkeit seiner eigenen Aussage ist ihm noch nicht klar — vielleicht auch dem Gendarm nicht — die ganze gewohnte Umgebung vor seinem Viehstall stimmt ihn auch nicht feierlich; mit dem Gendarmen, den er gut kennt, hat er schon oft, auch vom Allergleichgültigsten, gesprochen, kurz, seine Aussage erhält auch heute nur den Charakter des Ungefähren, Namen werden aufs Geratewohl gesagt, Zahlen ohne weiter nachzudenken, im Datum, wie es ihm gerade einfällt; und was ihm nicht passt, das dem Gendarmen so ohne weiteres zu sagen, dazu fühlt er sich nicht verpflichtet — kurz: viel wert ist die Aussage vor dem Gendarmen, von dem man auch nicht verlangen kann, dass er ein Meister in der Vernehmungskunst ist, gewiss nicht. Nun kommt der Zeuge zum

---

jemand etwas Erhebliches in einer Strafsache zu sagen wisse, er verlangt auch zu erfahren, was der Zeuge bei der Hauptverhandlung zu sagen haben werde — und wie er dies sagen wolle und so gelangt er dazu eine zwei- und mehrmalige Einvernahme des Zeugen vor der Hauptverhandlung für notwendig zu erklären. Herr Prof. Gross nimmt eben den von uns noch zu erörternden Standpunkt ein, dass im Vorverfahren nicht die Anklage, sondern bereits die Hauptverhandlung vorbereitet zu werden habe und muss aus diesem Grunde die zwei- und mehrmalige Vernehmung des Zeugen im Vorverfahren für „dringend notwendig“ erklären.

Untersuchungsrichter; er erscheint schon mehr in gesammelter, etwas andächtiger Stimmung, die ruhige, stille Amtsstube erhöht dieselbe, er weiss, dass er heute etwas nennenswert Wichtiges zu prästieren hat. Wir wollen annehmen, dass der Untersuchungsrichter seinem Amt gewachsen ist, er vermag dem Zeugen klar zu machen, dass von seiner Aussage viel, vielleicht Schuld oder Unschuld seines Nebenmenschen abhängt, er vernimmt ruhig und sachlich, er vermag es, mit geschickten mnemotechnischen Kunstgriffen gewisse Aussagen, z. B. über ein Datum, eine bestimmte Situation, ein gewisses Nebeneinander oder Nacheinander, genau und verlässlich zu machen, er wendet hierzu die nötige Zeit auf und hütet sich vor aller Suggestion, er bespricht dieselbe Angelegenheit mit dem schwerfälligen Manne mehrmals, macht den Leichtsinnigen gewissenhaft, den allzu Zaghaften vertraulicher, den zu Schwunghaften nüchterner, kurz, wenn er seine Sache versteht, so vermag er eine Aussage so genau und wahrheitsgetreu als möglich zu machen. Dabei hat es der Untersuchungsrichter insofern leicht, als ausser ihm, dem Gerichtsschreiber und dem Zeugen niemand da ist, der den Zeugen durch Zwischenfragen, Kopfschütteln oder auch bloss durch seine Anwesenheit verwirrt und schüchtern machen kann, der Zeuge befindet sich in der für die Sache vorteilhaftesten Situation.

„Nun kommt er in den Schwurgerichtssal, der dem Zeugen durch Grösse, Ausstattung, kirchliche Form, durch die Art des Eintretens auf das höchste imponiert — die vielen Menschen, der feierlich adjustierte Gerichtshof, der Vorgang verwirrt den Mann, die vielen auf ihn gerichteten Augen nehmen ihm den letzten Rest von Fassung. Nun kommt das Verhör; wir wollen von den so oft konfuse machenden Zwischenfragen von Staatsanwalt und Verteidiger ganz absehen, es ist schon der Verkehr mit dem fragenden Vorsitzenden schwer genug.

„Sogar das räumliche Verhältnis ist nicht gleichgültig; beim Untersuchungsrichter sass Zeuge behaglich neben ihm, hier steht er weit entfernt vor dem hochthronenden Vorsitzenden und die so geschaffene Schwierigkeit des Verkehrs ist nicht zu unterschätzen. Dann: der Vorsitzende hat unmöglich die Zeit, mit dem Zeugen so eingehend und so lange zu verkehren, wie es beim Untersuchungsrichter geschehen konnte, er **muss** die Sache kurz machen, dieses ‚kurz machen' ist aber vielleicht bei zwei Drittel aller Zeugen von der bösesten Folge: sie wissen zu wenig und sagen zu viel." —

Wir haben der hier zitierten Darstellung ihrem ganzen Umfange nach Raum gegeben, weil wir die Empfindung haben, dass Herr Prof. Gross bei derselben unter dem Eindrucke jener persönlichen Erfahrungen stand, welche ihn hauptsächlich dazu bestimmt haben mochten, den von ihm verfochtenen Standpunkt in der Frage der Reform des Vorverfahrens einzunehmen.

Wir vermögen die Lebhaftigkeit eines solchen Eindruckes eigener Erfahrungen leicht zu ermessen, wollen ihr durch wortgetreue Reproduktion des betreffenden Absatzes Rechnung tragen und zollen der geradezu plastischen Schilderung der verschiedenartigen Vernehmungen durch Sicherheitsbehörde, Untersuchungsrichter und durch den Vorsitzenden der Hauptverhandlung gerne unsere Anerkennung. In sachlicher Beziehung müssen wir aber folgendes bemerken:

Die Vernehmung des Zeugen durch den Untersuchungsrichter verläuft in der allergrössten Mehrzahl der Fälle durchaus nicht so, wie sie Herr Prof. Gross hier dargelegt hat.

Wenn Erfahrungen gegen Erfahrungen in die Wagschale gelegt werden dürfen, so muss konstatiert werden, dass nur sehr wenige Untersuchungsrichter, und diese wieder nur in einzelnen Fällen, jene Ruhe, Geduld und Sachkenntnis zur Vernehmung des Zeugen mitbringen, wie dies uns Herr Prof. Gross so ansprechend schildert.

Gar oft lässt der Untersuchungsrichter den Zeugen, den er in der eigenen Amtsstube vernimmt, seine Laune fühlen und man würde es gewiss nicht auffällig gefunden haben, wenn auch betreffs der Vernehmung der Zeugen — wie es rücksichtlich der Vernehmung des Beschuldigten geschehen,*) die Norm ergangen wäre, „dass das Verhör der Zeugen mit Anstand und Gelassenheit vorgenommen zu werden habe".

---

*) Östr. St.P.O. § 198.

Das Vorgehen des oft mit Geschäften überladenen, auf den Abschluss weitwendiger Untersuchungen vielfach drängenden Untersuchungsrichters lässt die Vernehmung des Zeugen der Regel nach lange nicht so „behaglich" erscheinen, wie man dies nach der Schilderung des Herrn Prof. Gross anzunehmen versucht sein könnte.

Hiervon abgesehen, wäre es aber auch irrig zu glauben, dass die ohne Beisein des Anklägers, des Privatbeteiligten, des Beschuldigten etc. vorzunehmende „ungestörte" Vernehmung des Zeugen in der „stillen", „ruhigen" Amtsstube, irgend welche Bürgschaft dafür geben würde, dass der Zeuge nur das, und alles das sagen dürfte, was er von der Strafsache aus eigener Wahrnehmung weiss.

Jeder Untersuchungsrichter bildet sich in einem frühen Stadium der Untersuchung sein Urteil über das wahrscheinliche Ergebnis derselben, an dem er vielfach mit Zähigkeit und voller Überzeugung festhält.

Dieses Urteil beeinflusst die Art seiner Fragestellung an den Zeugen, und die Art und Weise, in welcher er die Deposition desselben entgegennimmt.

Gerade nun darum, weil der Untersuchungsrichter „nur vom Gerichtsschreiber überwacht" dem Zeugen allein gegenübersteht, ist einer, vielleicht auch in freundlichen Formen sich vollziehenden — aber darum eben gefährlichen Suggestion Tür und Tor geöffnet, einer Suggestion, vor der Herr Prof. Gross gewiss nicht ausdrücklich gewarnt hätte, wenn er die Gefahr derselben vollkommen ausgeschlossen haben würde.

Welcher Zeuge wird auch dem ihm in der Regel geistig überlegenen, mit der Sachlage vertrauten, in Amt und Würde stehenden Untersuchungsrichter ernstlich widersprechen wollen, widersprechen können, wenn dieser die Deposition nach einer bestimmten Richtung zu lenken sich bemüht und wenn er die ihm zusagende Art der protokollarischen Feststellung der Aussage vornimmt? Ohne es zu wollen, ja ohne es selbst zu ahnen, beeinflusst der einvernehmende Untersuchungsrichter den Zeugen gar oft nach einer bestimmten Richtung und veranlasst ihn zu Aussagen, die den wirklichen Wahrnehmungen desselben keineswegs immer entsprechen.

Aber auch die Schilderung, welche Herr Prof. Gross von der Vernehmung des Zeugen in der Hauptverhandlung entwirft, vermag man nicht als eine in allen Punkten richtige anzuerkennen.

Sie betrifft zunächst nur die Einvernehmung des Zeugen im schwurgerichtlichen Verfahren, bezieht sich also auf eine verhältnismässig sehr geringe Anzahl von Hauptverhandlungen, und selbst von diesen wenigen Hauptverhandlungen lässt sich nicht sagen, dass bei Durchführung derselben dem Zeugen die Grösse, Ausstellung und die kirchliche Form des Verhandlungsraumes etc. immer oder auch nur der Regel nach „imponieren“ müssten. In der grossen Mehrzahl der üblichen, bescheidenen Verhandlungsräume kann der Zeuge vor Berufsrichtern sowohl als vor Geschworenen seine Aussagen ebenso ruhig und gelassen abgeben, wie in der Amtsstube des Untersuchungsrichters!

Was aber die Beeinflussung des Zeugen durch das vernehmende Prozessorgan betrifft, so kann dieselbe, worauf wir bereits verwiesen haben, seitens des Untersuchungsrichters leicht ausgeübt werden, während bei der Hauptverhandlung durch die Anwesenheit der Mitglieder des Gerichtshofes, des Staatsanwaltes, des Beschuldigten, des Verteidigers und einer allfälligen Zuhörerschaft für eine wirksame Kontrolle nach der angedeuteten Richtung doch einigermassen vorgesorgt erscheint.

Es kann somit der Behauptung des Herrn Prof. Gross, dass von den drei Aussagen, welche die Zeugen abzugeben haben (vor der Sicherheitsbehörde, vor dem Untersuchungsrichter und in der Hauptverhandlung), die vor dem Untersuchungsrichter abgegebene *die weitaus beste sei*, durchaus nicht beigepflichtet werden.

VI.

Noch weniger aber vermag man der Remedur zuzustimmen, welche Herr Prof. Gross rücksichtlich der bei der Hauptverhandlung abzugebenden Zeugenaussage in Vorschlag bringt.

Er erklärt diesfalls (S. 7 der Abhandlung): „Ist der in der Hauptverhandlung deponierende Zeuge vorher (nämlich im Vorverfahren) gar nicht vernommen worden, so wird sein Nichtwissen oder seine unrichtige Aussage für den Prozess verhängnisvoll . . .

„Anders aber, wenn der Vorsitzende, ein von einem ‚guten' Untersuchungsrichter aufgenommenes Protokoll vor sich hat . . . Wenn der Vorsitzende weiss, was der Zeuge zu sagen vermag, so wird er ihn entsprechend fragen, ihm entsprechend helfen und ihn entsprechend korrigieren können.

„Ist das Protokoll (in der Voruntersuchung) gut aufgenommen und vermag der Vorsitzende gut zu leiten und zu fragen, so ist ein Versagen, ein Fehlgriff geradezu ausgeschlossen."

Zu dieser Darstellung des Herrn Prof. Gross enthalten wir uns jedes Kommentars! Dieselbe entwirft uns das Bild von der Tätigkeit eines Vorsitzenden, welche den Zweck des Verfahrens unmöglich zu fördern vermag; der dem Zeugen „helfende", ihn „leitende" und stets „korrigierende" Vorsitzende bildet eine Gefahr für die materielle Wahrheitserforschung, wie wir uns dieselbe kaum grösser vorzustellen vermögen!

Fassen wir nämlich das, was Herr Prof. Gross bezüglich der Vernehmung des Zeugen im Vorverfahren und in der Hauptverhandlung erklärt hat, zusammen, so ergibt sich folgendes Bild.

Zunächst, nach der Vernehmung durch die Sicherheitsbehörde erscheint der Zeuge vor dem Untersuchungsrichter, der seinen Einfluss auf denselben geltend macht, um von ihm eine, seiner über den Fall gewonnenen Anschauung, entsprechende Aussage zu erhalten. Diese Aussage wird sorgsam niedergeschrieben und das über dieselbe aufgenommene Protokoll wird von dem Vorsitzenden der Hauptverhandlung zum Gegenstande eifrigen Studiums gemacht, worauf der Inhalt desselben dem bei der Hauptverhandlung abermals zu vernehmenden Zeugen noch einmal suggeriert wird.

So und nicht anders fassen wir, gleichfalls auf praktische Erfahrungen zurückblickend, die aus der Darstellung des

Herrn Prof. Gross sich ergebende Methode der Zeugeneinvernehmung auf.

Wird eine solche Methode mit dem nötigen Eifer befolgt und durchgeführt, so büsst der Zeuge seine Eigenschaft als Auskunftsperson ein, er wird zu einer blossen Marionette in der Hand des Vorsitzenden, sobald nur dieser seine Kenntnis über den Inhalt der Zeugenaussage aus dem in der gerichtlichen Voruntersuchung aufgenommenen „guten" Protokolle geschöpft hat.

VII.

Eine „gut" geführte gerichtliche Voruntersuchung soll nun aber nach dem offenen Zugeständnis des Herrn Prof. Gross den Vorsitzenden nicht allein über den Inhalt der Zeugenaussagen, sondern über alle zu gewärtigenden Ergebnisse der Hauptverhandlung derart informieren, dass derselbe eine ausschliesslich dominierende Stellung im gesamten Beweisverfahren der Hauptverhandlung einzunehmen imstande sei.

Auch über diesen wichtigen Punkt wollen wir Herrn Prof. Gross möglichst ausführlich selbst sprechen lassen. Er sagt (S. 9 der Abh.):

„Will ein Vorsitzender sein schwieriges und höchst verantwortungvolles Amt richtig und gewissenhaft versehen, so ist es seine allerwichtigste Pflicht, auf das peinlichste genau informiert zu sein: eine schwierige Verhandlung zu leiten, ohne auf das sorgfältigste davon unterrichtet zu sein, was vorkommt und vorkommen kann, erkläre ich als grenzenlose Gewissenlosigkeit. Eingehendste Information des Vorsitzenden ist vor allem die einzige Möglichkeit, um sich für die Verhandlung einen guten Plan zu machen . . ."

Nun führt uns Herr Prof. Gross sechs verschiedene Methoden in der Art der Durchführung der Hauptverhandlung vor und erklärt weiter:

„Von dem richtigen Plane des Vorsitzenden hängt Verständnis und Missverständnis, Mitgehenkönnen oder Fremdbleiben, richtige oder falsche Auffassung, also auch oft und oft Schuldspruch oder Freispruch ab. In langer Erfahrung habe ich es oft bei andern und mir selbst wahrnehmen können, wie eine Prozessleitung einen ungefügten, wackeligen, verständnislosen und im höchsten Grade gefährlichen Gang annehmen kann, und wie im Gegenfalle eine sichere, zielbewusste Leitung sofort den Eindruck macht: es geht alles geordnet, sicher, verstehbar und logisch zu, ein Fehlgriff ist nach menschlichem Können geradezu ausgeschlossen."

Nach diesen Lobsprüchen auf die Leitung der Hauptverhandlung durch den „wohlinformierten" Vorsitzenden, kommt Herr Prof. Gross nochmals auf die Art der Zeugeneinvernehmung seitens eines solchen Vorsitzenden zurück, wie nur dieser Vorsitzende wisse „wann, wie und um was er den Zeugen fragen kann" und wie dann auch der Zeuge „unmittelbar und richtig wirken könne".

Im weitern Verlaufe dieser Auseinandersetzung wird uns sodann erklärt:

„Unabsehbar gestalte sich die Wichtigkeit der Voruntersuchung darin, dass nur durch sie falsche Aussagen entdeckt werden könne. Der ehrliche Zeuge sagt in der Hauptsache stets gleich aus, der lügende vergisst Einzelheiten und widerspricht sich, seine Aussage passt nicht in das ganze, harmonisch gebaute Beweismaterial, und nur wenn dem Vorsitzenden alles was pro und contra vorgebracht wurde, immer und deutlich vor Augen ist, wenn er ununterbrochen während der ganzen Verhandlung vergleicht und kombiniert, nur dann kann er Widersprüche und Unwahrheiten entdecken und erweisen. Aber auch das ist nur möglich, wenn der Vorsitzende vollkommen fix und sattelfest ist, wenn ihn nichts aus der Ruhe bringt, nichts verblüfft und konfuse macht — und auch das ist nur möglich, wenn beste Information auf Grund einer guten Voruntersuchung vorliegt.

„Dem Vorsitzenden darf nichts neu und fremd sein, was schon bekannt war; dann und nur dann allein, kann er das wirklich Neue, erst heute dazugekommene als solches erkennen und sicher und richtig in seinen sicher und fest gefügten Plan einfügen."

Herr Prof. Gross schildert uns sodann, wie der wohlinformierte Vorsitzende sich gegen plötzliche Überraschungen „die gerade bei den grössten und schwierigsten Verhandlungen sich einzustellen pflegen“, zu schützen weiss und schliesst den betreffenden Absatz seiner Abhandlung mit den Worten:

„Wie man sich eine wirkliche Rechtssicherheit gewährende Hauptverhandlung über einen grossen Fall ohne die sichere Basis einer guten Voruntersuchung denken soll, ist mir unerfindlich.“

Die hier zitierte Darstellung des Herrn Prof. Gross ist geradezu typisch zu nennen.

Der ganze Kampf zwischen den Freunden und Gegnern der gerichtlichen Voruntersuchung wird durch dieselbe illustriert.

Was Herr Prof. Gross verlangt, ist die einfache, ganz unverhüllte Rückkehr zu einem Systeme des Strafverfahrens, welches längst beseitigt zu sein schien!

Die Hauptverhandlung sinkt, wenn seine Methode befolgt wird, zu einer einfachen Schlussdekoration jener richterlichen Voruntersuchung herab, in welcher bereits über das Schicksal des Angeschuldigten entschieden zu werden pflegte. Vielleicht wäre die Frage berechtigt, wozu es in einem solchen Systeme überhaupt noch einer Hauptverhandlung bedarf, ob denn nicht ein „wohlinformierter“ Referent nach den Akten der Voruntersuchung selbst das Erkenntnis fällen könnte.

Es hat der nach dem Systeme des Herrn Prof. Gross fungierende Vorsitzende alle Fäden der Strafsache in seiner Hand, er lenkt, vorausschauend, das ganze Schlussverfahren, welches nunmehr den Zweck zu haben scheint, eine bereits feststehende, durch das Studium der Vorakten gewonnene Überzeugung auch nach aussen hin zu manifestieren und allenfalls begründen zu helfen.

Wir leugnen nicht, dass die Schilderung, welche Herr Prof. Gross von der Art des Eingreifens eines „wohlinformierten“ Vorsitzenden in den Gang der Verhandlung vor dem erkennenden Gerichte hier entwirft, äusserlich ansprechen kann; wir leugnen auch nicht, dass eine derartige „voraussehende“ Prozessleitung im allgemeinen Beifall zu finden vermag, weil alles, wie dies Herr Prof. Gross hervorzuheben sich bemüht, wohl geordnet sich entwickelt und gruppiert und weil man überall die „feste“ und „sichere“ Hand des wohl informierten von der Schuld oder Nichtschuld des Angeklagten bereits überzeugten Vorsitzenden fühlt.

Da gibt es keine Stockungen, keine Störungen, keine Unterbrechungen des Verfahrens; Schlag auf Schlag werden die Prozessergebnisse vorgeführt, die wünschenswerte rasche Übersicht der Beweise verschafft und der nervösen Ungeduld, welche das Ende und den Abschluss des Verfahrens nicht zu erwarten vermag, wenigstens eine Linderung gebracht! Aber an Eines, das alle hier zur Geltung gebrachten Lichtseiten eines solchen Verfahrens aufwiegt, darf denn doch nicht vergessen werden!

In diesen Verhandlungen, wie sie von den wohlinformierten, alles voraussehenden, bestimmenden und lenkenden Vorsitzenden durchgeführt werden — gedeihen auch die Verurteilungen — Unschuldiger; nach Umständen auch — allerdings in weit geringerer Anzahl — die Freisprechungen Schuldiger am häufigsten!

Wir haben auf dieses bisher viel zu wenig beachtete Moment erst jüngsthin mit einigen Worten hingewiesen, indem wir sagten:*)

„Wird das Verfahren in seiner Gliederung in ein Vor- und in ein Hauptverfahren ins Auge gefasst, so soll keineswegs verkannt werden, dass eine auf einer sorgsam durchgeführten gerichtlichen Voruntersuchung basierende Hauptverhandlung äusserlich ziemlich ansprechend zu verlaufen pflegt und für gewöhnlich nicht jene Unebenheiten aufweist, die dann eintreten können, wenn wegen Mangels einer umständlichen Vorbereitung erst im Zuge der Hauptverhandlung nach dem Zusammenhange und der Bedeutung einzelner Momente des Falles gesucht werden muss. So rückhaltlos dies zugestanden werden soll, so unbefangen muss aber auch des Nachteiles gedacht werden, welchen eine derart sorgfältig geleitete gerichtliche Voruntersuchung für den Hauptzweck des Prozesses im Gefolge haben kann.

*) Über einige Reformen des Vorverfahrens S. 114.

„Je gründlicher und ausführlicher das Vorverfahren durchgeführt wird, und hierzu wird der Untersuchungsrichter fast immer geneigt sein — desto natürlicher ist es, dass sich der die Hauptverhandlung leitende Richter aus den bereits im Vorverfahren gepflogenen Erhebungen über den Straffall informiert, um an die (Leitung und) Entscheidung desselben herantreten zu können.

„Eine weitere natürliche Folge st es dann, dass er sich schon vor der Hauptverhandlung seine Meinung über den Straffall bilden muss — eine Meinung, die auf die Leitung und die Durchführung des Hauptverfahrens nicht ohne wesentlichen Einfluss zu bleiben vermag. Hierdurch kann aber der Beschuldigte ebenso leicht beeinträchtigt werden, als die Gesellschaft . . .

„Die Hauptverhandlung mag unter Leitung eines aus den Akten einer eingehend geführten gerichtlichen Voruntersuchung sorgsam vorbereiteten Richters einen der Form nach korrekten, den Ansprüchen einer geordneten Rechtspflege auf den ersten Anblick ganz entsprechenden Verlauf nehmen; die Findung eines gerechten Urteiles erscheint durch einen derartigen Verlauf der Verhandlung durchaus nicht verbürgt.

„Vielmehr lehrt die Erfahrung, dass es gerade die sorgsam vorbereiteten, die „umsichtig“ und „erschöpfend“ durchgeführte Hauptverhandlungen sind, in denen wegen der erwähnten Voreingenommenheit richterliche Fehlsprüche häufiger vorzukommen pflegen als in solchen, die einer minutiöseren Vorbereitung und „voraussehenden“ Leitung entbehren.“

Diese unsere Behauptung, die wir hier einfach nur wiederholen können, basiert auf sorgfältigen, langjährigen Beobachtungen. Es sind dies, wenn wir uns der etwas banalen aber sonst vielfach gebräuchlichen Bezeichnung bedienen dürfen, zumeist die sog. „schneidigen“ Vorsitzenden, unter deren Leitung die Richter in den Hauptverhandlungen zu verurteilenden Fehlsprüche zu gelangen pflegen, zu Fehlsprüchen, die zum Teile nicht mehr zu sanieren sind, sondern von den diesfalls Betroffenen getragen werden müssen.

Gerade in der jüngsten Zeit haben sich die Besorgnisse

vor Justizirrtümern vermehrt und es sind diese richterlichen Fehlsprüche keineswegs immer der traditionell gewordenen „unglücklichen Verkettung der Umstände", als vielmehr jener Schärfe und jener Eilfertigkeit zuzuschreiben, mit welcher manche Hauptverhandlungen von den mehrerwähnten „energischen" Vorsitzenden durchgeführt werden.*)

Sind aber solche Besorgnisse, wie wir befürchten müssen, begründet, dann wäre wohl hier ein ernstes Wort über diese Justizirrungen zu sagen.

Wenn wir die Kulturgeschichte der letzten Jahrhunderte überschauen, so bietet sich bezüglich der Entwicklung des Strafverfahrens kein erfreuliches Schauspiel dar. Dass beispielsweise die Tortur ein halbes Jahrtausend hindurch ihre Herrschaft behaupten konnte, und innerhalb der Juristenwelt bis in die letzte Zeit ihre beredten Verteidiger fand, dies wird stets als ein beschämendes Zeugnis für die Rechtsentwicklung angesehen werden müssen.

Aber auch nach Aufhebung der Tortur, unter der Herrschaft des geheimen Inquisitionsprozesses mit seinem Streben nach Mürbemachung des Beschuldigten, mit seinen Ungehorsams- und Lügenstrafen, der ungemessenen Herrschaft der Untersuchungshaft, der Haus- und Personsdurchsuchung usw. hat die Rechtssicherheit des Bürgers ungemein gelitten. Diese nicht hinwegzuleugnenden Tatsachen, welche die Zahl der unglücklichen Justizopfer so vielfach vermehrten, sollte man sich in unseren Tagen stets vor Augen halten und wenigstens fortan alles tun, was nur irgendwie zur Vermeidung ungerechter Verurteilungen beitragen könnte. Das Verfahren,

*) Statistische Aufzeichnungen bezüglich der Wiederaufnahme in Österreich fehlen bedauerlicherweise zur Gänze.

In Deutschland ist nach der Justizstatistik Jahrgang XI S. 245 ff. die Zahl der Wiederaufnahmeverfahren zugunsten der Verurteilten von dem Quinquennium 1881/1885 bis zum Jahre 1901 in land- und schwurgerichtlichen Sachen von 189 auf 377 also auf das Doppelte gestiegen.

Hierzu muss aber noch erwogen werden, dass wegen der ungünstigen Chancen des Wiederaufnahmeverfahrens gar manche unschuldig Verurteilten, insbesondere jene, die keine genügenden Mittel besitzen oder den Abschluss des gegen sie eingeleiteten Strafverfahrens herbeiwünschen, es bei der ungerechten Verurteilung sein Bewenden finden lassen und die über sie verhängte Strafe verbüssen.

wie es Herr Prof. Gross in Vorschlag bringt, entspricht aber einer solchen Anforderung nicht, vielmehr wird durch dasselbe die Gefahr ungerechter Verurteilung neuerdings heraufbeschworen.

Wenn solche Anschauungen, wie sie Herr Prof. Gross propagiert, gebilligt und verwirklicht werden sollten, dann stehen wir genau auf jenem Punkte, den wir vor mehr als fünfzig Jahren in voller einmütiger Überzeugung von der Unhaltbarkeit eines solchen Systems verlassen haben, und eine mühsam erkämpfte Reform, welche gewiss der damaligen bessern Erkenntnis entsprang, erscheint ernstlich in Frage gestellt.

Einer, wenn auch äusserlich ansprechenden Gestaltung der Hauptverhandlung darf das Prinzip der Erforschung der materiellen Wahrheit niemals aufgeopfert werden; diese Aufopferung erfolgt aber, wenn das Schwergewicht des Verfahrens in die Phase der gerichtlichen Voruntersuchung gelegt wird und der Hauptverhandlung zumeist nur die Aufgabe vorbehalten bleibt, das Ergebnis der Voruntersuchung zu bestätigen und in einer entsprechenden Form der Öffentlichkeit vorzuführen.

Das Institut der Hauptverhandlung, basierend auf den Prinzipien des kontentiosen Verfahrens, der Mündlichkeit, Unmittelbarkeit und einer wenn auch nur beschränkten Öffentlichkeit, wurde geschaffen, weil man gefunden hatte, dass die richterliche Untersuchung eines Straffalles, und mochte sie die eingehendste und gewissenhafteste sein, dem Beschuldigten keinen genügenden Schutz vor ungerechter Verurteilung bieten könne; der Vorgang, wie ihn Herr Prof. Gross empfiehlt, führt unabwendbar dazu, dass die Hauptverhandlung zum nicht geringen Teile des ihr gebührenden legitimen Einflusses auf die Endentscheidung und dies zugunsten der ihr vorangehenden richterlichen Voruntersuchung wieder entkleidet wird.

Die Hauptverhandlung wird zu einem bloss theatralischen Aufputze der Rechtssprechung, die sich in Wirklichkeit nur auf die Ergebnisse der Voruntersuchung stützt.

Dass dieser schwere Vorwurf kein ungerechtfertigter sei, soll aus den eigenen Worten des Herrn Prof. Gross zur Evidenz nachgewiesen werden.

So sucht derselbe die vielfach in die Erscheinung tretende Mangelhaftigkeit und Unvollständigkeit des Zeugenverhöres in der Hauptverhandlung damit zu erklären, dass er, wie bereits oben zitiert wurde, sagt: „Der Vorsitzende hat unmöglich die Zeit, mit dem Zeugen so eingehend und so lange zu verkehren, wie es bei Untersuchungsrichtern geschieht, er **muss***) die Sache kurz machen."

Nun fragen wir wohl billigerweise „Warum der Vorsitzende die Sache kurz machen müsse, warum man ihm nicht die Zeit gönne, deren er bedarf, um den Zeugen sachgemäss und ausführlich zu vernehmen?"

Auf diese berechtigte, natürliche Frage kann man uns, wenn man aufrichtig sein will, wohl nur die Antwort geben, dass die vielfach traditionell gewordene Ökonomik der Hauptverhandlungen keine ausführliche und eingehende Vernehmung der Zeugen zulasse, dass man eben im Sinne der Darstellung des Herrn Prof. Gross bestrebt zu sein pflegt, in der Hauptverhandlung das Bild von dem Geschehenen in raschen, energischen Zügen vorzuführen, durch welche jedoch die Verlässlichkeit und Treue der Reproduktion nicht zu gewinnen vermögen. Zu einem solchen Vorgehen hält man sich aber darum zumeist für befugt, weil man schon durch die ausführliche Vernehmung der Zeugen im Laufe der gerichtlichen Voruntersuchung der Pflicht zur materiellen Wahrheitsforschung Genüge geleistet zu haben glaubt, somit im Zuge der Hauptverhandlung mit Zeit und Mühe sparen zu können, ja sparen zu müssen vermeint. Für die Rolle, welche man der Hauptverhandlung neben der gerichtlichen Voruntersuchung zuweisen will, scheint eben ein oberflächliches, summarisches Zeugenverhör zu genügen und darum soll der Vorsitzende, wie Herr Prof. Gross sich drastisch ausdrückt, „die Sache kurz machen".

Da nun aber der Untersuchungsrichter seinem Wesen und seiner Stellung nach immer dazu geneigt sein muss, die Beweistätigkeit im Stadium des Vorverfahrens zu konzentrieren, so ist die Erfüllung der der Hauptverhandlung zu-

*) Dieses charakteristische „**muss**" erscheint auch im Kontexte der Abhandlung des Herrn Prof. Gross durch den Druck hervorgehoben.

zuweisenden Aufgabe in solange nicht mit einiger Zuversicht zu erwarten, als es überhaupt eine gerichtliche Voruntersuchung geben wird; will man daher auf die Hauptverhandlung nicht verzichten, so muss man sich mit dem Gedanken an die Aufhebung der gerichtlichen Voruntersuchung vertraut zu machen suchen.

Es erscheint dies um so notwendiger, als noch ein anderes Moment die Bedeutung der Hauptverhandlung gegenüber jener der gerichtlichen Voruntersuchung herabdrückt. Wir meinen die Stellung, welche in unseren Tagen einzelne Justizverwaltungen gegenüber dem erstgenannten Institute einnehmen. Diesen gelten die Strafsachen vielfach als „epinöse" Angelegenheiten, die möglichst rasch ihre Erledigung finden sollen, und es kommt solchen Justizverwaltungen in der Regel mehr darauf an, d a s s die Strafsachen ü b e r h a u p t, nicht aber, w i e s i e e r l e d i g t werden.

Auch nach ihrem Wunsche sollen die Hauptverhandlungen, so weit es nur immer möglich ist, einen „glatten" und „ungestörten" Verlauf nehmen, und durch das Bestreben Widersprüche zu lösen, vorhandene Unklarheiten zu beseitigen usw. nicht beeinträchtigt werden.

Dieser Quelle entstammt vornehmlich jene Tendenz, welche die Beweisführung in der Hauptverhandlung auf das möglich geringste Mass zu beschränken sucht.

Alles soll bereits früher — im Laufe der Voruntersuchung — ermittelt und festgestellt sein, damit ja die Hauptverhandlung keine unvorhergesehene Störung erleide und damit insbesondere jede Vertagung derselben vermieden werde.

Zu dieser Abneigung, ja zu dieser Angst vor Vertagungen, die unsere Justizpflege zum grossen Nachteile einer vollkommen verlässlichen Wahrheitserforschung beherrscht, treten dann noch ganz deplazierte finanzielle Rücksichten auf die Kosten grösserer oder wiederholter (vertagter) Hauptverhandlungen hervor.

Man nimmt, wenn es not tut, zu Kunstgriffen Zuflucht, um nur die persönliche Vorladung von Zeugen und Sachverständigen zu „ersparen", und um sich auf die blosse Verlesung ihrer in dem Vorverfahren abgegebenen Aussage beschränken zu können.

Dieser Wunsch nach möglichster Vereinfachung der Hauptverhandlung, um die Kosten für das Erscheinen der Zeugen und Sachverständigen bei derselben nicht aufbringen zu müssen, führt naturgemäss zu umständlichen Vernehmungen in der richterlichen Voruntersuchung und so erhöht sich die materielle Bedeutung der letzteren, während das Gewicht der Hauptverhandlung, welche das unumgängliche Requisit der Mündlichkeit und Unmittelbarkeit einbüsst, sich vermindern muss. Ein solches System würde durch die Befolgung der von Herrn Prof. Gross empfohlenen Grundsätze eine wesentliche Förderung erfahren müssen; es kann daher nicht eindringlich genug vor der Verwirklichung seiner Methode gewarnt werden.

VIII.

Kehren wir nunmehr mit Herrn Prof. Gross zur Erörterung des Vorverfahrens zurück, so begegnen wir bei ihm folgender weiteren Einwendung gegen die Aufhebung der gerichtlichen Voruntersuchung (S. 11 ff.):

„Man gelange" — so klagt derselbe — „durch die Aufhebung der gerichtlichen Voruntersuchung zu schwierigen und unlösbaren Konsequenzen, wenn man diejenigen Amtshandlungen des heutigen Untersuchungsrichters erwägt, welche entweder direkt die persönliche Freiheit des Beschuldigten angreifen (Verhaftung, Beschlagnahme von Briefen und Sendungen usw.) oder aber endgiltige Feststellungen enthalten (Obduktion, Lokalaugenschein, Konstatierungen, Agnoscierungen." „Hier könne man," so erklärt Herr Prof. Gross, „nur zwei Wege einschlagen, ‚entweder überträgt man konsequenterweise auch diese Amtshandlungen dem Staatsanwalt . . . aber dann hat man nichts anderes, durchaus nichts anderes erreicht, als eine Namensänderung und der heutige Untersuchungsrichter heisst dann eben Staasanwalt. Aber zu einer solchen Namensänderung ist Zeit und Sache zu ernst, geholfen ist damit nicht das mindeste. Oder man behält diese Amtshandlungen doch wieder dem Untersuchungsrichter bevor, so zwar, dass immer dann, wenn es sich um eine dieser Amtshandlungen dreht, der Untersuchungsrichter in die Arbeit einspringen müsste.'

„Ein solcher Vorgang," meint aber Herr Prof. Gross, „sei schlechtweg unmöglich, ‚so könne eine Untersuchung nicht nur nicht gut, sondern überhaupt gar nicht geführt werden'."

Gegen die hier zitierten Ausführungen des Herrn Prof. Gross wäre einzuwenden:

Was die Behauptung des Herrn Prof. Gross betrifft, dass die Amtshandlungen des heutigen Untersuchungsrichters in bezug auf Verhaftung, Hausdurchsuchung, Beschlagnahme usw. dem Staatsanwalt nicht anvertraut werden können, so müssen wir wohl fragen, ob denn der gegenwärtige Stand des Verfahrens, in welchem der Schutz des Verfolgten prinzipiell in die Gewalt des Untersuchungsrichters gelegt ist, irgend welche Befriedigung hervorruft? Wir glauben daran zweifeln zu dürfen, und meinen, dass eben der ganz unzulängliche Schutz der persönlichen Freiheit des Verfolgten, seines Hausrechtes usw. wesentlich zu der Unzufriedenheit mit den heutigen Verhältnissen beigetragen hat, und wir meinen weiter, dass hier nur durch die Aufhebung der gerichtlichen Voruntersuchung und durch eine gleichzeitige Reform des Vorverfahrens Wandel geschaffen zu werden vermag.

Dass der Untersuchungsrichter des modernen Strafprozesses den Schutz, den man von seiner Wirksamkeit erwarten zu können glaubt, nicht bietet, und auch der Natur der Sache nach nie zu bieten imstande sein wird, über diesen Punkt haben wir uns bereits wiederholt und so ausführlich ausgesprochen und finden diesfalls einen so mächtigen Rückhalt an der Anschauung anderer Kriminalisten,*) dass wir von einer ausführlichen Darlegung der Frage wohl absehen können.

*) Stemann, Goltdammer, s. Archiv Bd. VII, S. 41—53; Dalcke, Goltdammer, s. Archiv Bd. VIII, S. 151; Sundelin, Die Staatsanwaltschaft in Deutschland, S. 95 ff.; Geib, Die Reform des deutschen Rechtslebens, S. 104 ff.; Brauer, „Die Voruntersuchung" im Gerichtssaal, 1. S. 321; Keller, Die Staatsanwaltschaft in Deutschland; Motive zum 1. Entw. der d. Strafprozessordnung, S. 168 ff.; Wahlberg, Kritik des Entwurfes zur d. Strafprozessordnung, S. 62; Dreyer, Bemerkungen zum Entwurfe der d. Strafprozessordnung, S. 31; Meyer, Die Mitwirkung der Parteien im Strafprozesse, S. 15; Kries, Vorverfahren und Hauptverfahren — Zeitschrift für die ges. Strafrechtswissenschaft, Bd. IX, S. 75; Rosenfeld, Mitteilungen der

Nur das sei im Vorübergehen an diesem Momente bemerkt: Der Untersuchungsrichter kann als Organ der Verfolgung nicht auch zugleich den Schutz des Beschuldigten in irgend welch ausreichendem Masse besorgen, und wollte man ihn als Organ der Verfolgung nicht gelten lassen, so machte man ihm wieder die Sammlung des Beweismaterials fast unmöglich.

Darin liegt eben der schwere Irrtum der Verteidiger des heutigen Systems. — Sie behaupten das Vorhandensein eines Rechtsschutzes, während dieser Rechtsschutz in Wirklichkeit nicht besteht und auch der Natur der Verhältnisse nach nicht bestehen kann.

Weiter bemerken wir, dass von jenen, welche die gerichtliche Voruntersuchung aufgehoben wissen wollen, wohl niemand dem Staatsanwalt das Recht des Untersuchungsrichters von heute, wie dies von Herrn Prof. Gross supponiert wird, einräumen wolle, man will wohl die Befugnisse des Staatsanwalts erweitern, damit er nicht, auf Umwegen und versteckt, eine grössere Machtvollkommenheit in Anspruch nehmen müsse, als jene, die ihm gesetzlich eingeräumt wird; aber darum soll er noch lange nicht, wie Herr Prof. Gross vermeint, unter dem Namen des Staatsanwaltes richterliche Funktionen ausüben dürfen.

So geben wir den spöttischen Vorwurf, dass es uns, den Gegnern der gerichtlichen Voruntersuchung, nur um eine blosse Namensänderung zu tun sei, den Anhängern der gerichtlichen Voruntersuchung mit aller Entschiedenheit zurück.

Sie sind es, die den blossen Schein für das Wesen der Sache ausgeben, wenn sie ein Organ der staatlichen Verfolgung mit dem richterlichen Namen ausstatten, während derselbe seinem Beruf nach nie Richter sein kann, noch Richter sein darf. Ist es Eigensinn, auf der Bezeichnung des Staatsanwaltes als solchen zu beharren, so ist es gewiss nicht minder eigensinnig, die Benennung „Richter" für ein Organ festzuhalten, welches seinem Wesen und seiner Natur nach mit der

J.K.V., Bd. 10, H. 2, S. 533—547; Zucker, Die Reformbedürftigkeit der Untersuchungshaft, 1879, S. 148 ff.; Derselbe, Über die Reformbedürftigkeit der heutigen Voruntersuchung im Gerichtssaal, Bd. 47, S. 436 ff.; Derselbe; Über einige Reformen des Vorverfahrens, 1902, S. 101 usw. usw.

Verfolgung des Verdächtigen im Prozesse betraut erscheint und in dieser Eigenschaft von der Ausübung richterlicher Befugnisse von vornherein ausgeschlossen bleiben sollte.

So unrichtig, als die Supposition ist, man wolle bei Aufhebung der gerichtlichen Voruntersuchung die Rechte des heutigen Untersuchungsrichters einfach auf den Staatsanwalt übertragen und sich demnach mit einer blossen Namensänderung begnügen, ebenso unrichtig ist die Annahme, dass gewisse Amtshandlungen, wie Vornahme von Obduktionen, Lokalaugenschein, Konstatierungen, Agnoszierungen, von anderen Organen als solchen, die den heutigen Untersuchungsrichter äquiparieren gar nicht vorgenommen werden können. Indem Herr Prof. Gross dies behauptet, übersieht er zunächst den heutigen faktischen Stand des Strafverfahrens in Deutschland, wie in Österreich.

Wer besorgt denn in jenen ungemein zahlreichen Fällen, in welchen nach geltendem deutschen und österreichischen Prozessrechte das Vorverfahren ohne gerichtliche Voruntersuchung durchgeführt wird, jene Amtshandlungen, die Herr Prof. Gross ausschliesslich dem Untersuchungsrichter vorbehalten wissen will?

Es ist dies der Richter (Amts- oder Bezirksrichter) des Bezirkes, in welchem die betreffende Amtshandlung vorzunehmen ist.

Die grosse Mehrzahl der Strafuntersuchungen und zwar auch solcher, in welchen Obduktionen, Agnoszierungen etc. vorgenommen werden müssen, wird ja bereits in Deutschland wie in Österreich ohne gerichtliche Voruntersuchung und darum auch ohne Intervention eines Untersuchungsrichters durchgeführt; wie mit dieser Tatsache die Behauptung des Herrn Prof. Gross zu vereinen sei, dass hier überall der Untersuchungsrichter herangezogen werden müsse — S. 14 der Abhandlung — ist uns unverständlch geblieben!

Indes Herr Prof. Gross begnügt sich nicht mit der blossen Behauptung, dass es der Untersuchungsrichter sei, der die vielfachen richterlichen Amtshandlungen, als Konstatierungen, Agnoszierungen usw., vornehme; er sucht es auch zu begründen, warum derlei Amtshandlungen nur von dem Untersuchungsrichter als solchem und nicht etwa von einem der Untersuchung ferner stehenden Richter vollzogen werden dürfen.

So meint er (S. 15 der Abhandlung): Der gerichtliche Augenschein sei eine Arbeit, „die absolut nur dann befriedigend geleistet werden könne, wenn der Aufnehmende mit der Sache, mit dem betreffenden Falle bis in die allerkleinsten Einzelheiten vertraut ist, wenn er genau weiss, um was es sich handelt, was wichtig ist und wichtig werden kann, also eigentlich nur dann, wenn er den Fall von seinem ersten Entstehen an kennt, d. h. wenn er ihn selbst gearbeitet hat. . . ."

Endlich erklärt Herr Prof. Gross, um es zu rechtfertigen, dass derartige Amtshandlungen, wie Anlegungen von Tabellen, Zusammenstellungen, Übersichten, Vergleiche, graphische Darstellungen, Bewegungstafeln usw., nur vom Untersuchungsrichter verlangt und erwartet werden dürfen, folgendes: „Wir müssen auch mit den normalen Erscheinungen im Wesen des Menschen rechnen. Nennen wir es meinetwegen Eitelkeit. Es kann von niemandem verlangt werden, dass er seine beste Mühe für einen andern aufwende.

„Hat der tüchtige Untersuchungsrichter eine schwere Untersuchung . . . zu führen, so wird er sein Äusserstes daran setzen, wird keine Mühe und keine Arbeit scheuen und wird seine Untersuchung so gut führen, als es in seinen Kräften liegt — aber es ist seine Untersuchung, für die er alles einsetzt, er ist eben ein Mensch und von dem kann man nicht verlangen, dass er dies für einen andern tut."

All dies soll es rechtfertigen, wenn man die hier erwähnte Tätigkeit nur durch den Untersuchungsrichter besorgen lässt, — indes die Kritik dieser Auseinandersetzung wird dem Leser der Abhandlung des Herrn Prof. Gross ziemlich leicht gemacht, wenn er sich daran hält, was Herr Prof. Gross diesfalls selbst anführt. — S. 16 der Abhandlung. —

„Man wird einwenden," so sagt er, „das sei eben das Gefährliche: gerade der ambitionierte, temperamentvolle Untersuchungsrichter engagiert sich zu sehr für seinen ‚Fall', er setzt dann alles daran, zu positivem Resultate zu kommen, d. h. den einmal Verdächtigten auch zum Angeklagten und zum Verurteilten zu machen."

Wir halten dieses Bedenken, dem Herr Prof. Gross hier

Ausdruck gibt, für sehr gerechtfertigt; es ist psychologisch vollkommen begründet und kann unseres Erachtens nicht leicht widerlegt werden.

Der Untersuchungsrichter kann in einem Falle, den er selbst durchzuführen hat, nicht objektiv sein, er müsste sonst seine Natur verleugnen wollen!

Sobald er die Untersuchung einleitet, kann er sich einer bestimmten Meinung über den ihm vorliegenden Fall nicht entschlagen, diese Meinung muss bestimmend auf die Sammlung und Durchführung der Beweise wirken und muss oder kann doch ganz gewiss in den Ergebnissen dieser seiner untersuchenden Tätigkeit zum Ausdrucke gelangen.

Nun wäre dieser Umstand an sich, weil natürlich, nicht unerträglich, denn auch der untersuchende Staatsanwalt ist gewiss der Versuchung ausgesetzt, der Sammlung der Beweise eine parteiische Färbung zu geben; aber der schwer wiegende Unterschied liegt eben darin, dass der Name und die Stellung des Untersuchungsrichters der von ihm geführten Untersuchung den **Schein** eines durchaus objektiven Vorgehens verleiht, während dies bei der Untersuchung des Staatsanwaltes gewiss nicht der Fall ist.

Dies kann nun aber wieder zur Folge haben, dass die Prüfung der Ergebnisse des Vorverfahrens bei der Hauptverhandlung, wenn der Staatsanwalt die von ihm gesammelten Beweise vorlegt, eine objektive sein wird; wogegen der Umstand, dass ein Richter die Voruntersuchung geführt hat, bei gleichen Prozessergebnissen ein dem Beschuldigten ungünstiges Vorurteil hervorrufen kann, durch welches seine Lage sich in ganz ungerechtfertigter Weise verschlimmern müsste.

Hören wir nun aber, wie Herr Prof. Gross das von ihm selbst gegen die Führung der Voruntersuchung durch den Untersuchungsrichter mitgeteilte Bedenken widerlegt. Er sagt wörtlich — S. 16 —: „Dass dieser schwere Vorwurf ungerecht ist, kann ich nicht mathematisch beweisen; ich erkläre aber, wer dies sagt, der war nie ein wirklicher Untersuchungsrichter.

„Ich war viele, viele Jahre Untersuchungsrichter und habe mit unzähligen Untersuchungsrichtern zu tun gehabt, und ich stehe mit meiner Ehre dafür ein: einem rechten Untersuchungsrichter gewährt es allerdings stets Genugtuung, einen wirklich Schuldigen überführen zu helfen, und je schwieriger es war, desto grösser die Befriedigung — aber tausendmal grösser ist die wahrhafte Freude, die Empfindung wirklicher, wertvoller eigener Leistung, wenn es dem Untersuchungsrichter gelungen ist, einem unschuldig Verurteilten wieder zu seinem ehrlichen Namen verhelfen zu können.

„Man bedenke doch, was die Behauptung heisst: ein Mensch könnte, um eine fixe Untersuchung abgeführt zu haben, wider besseres Wissen und Gewissen oder wenigstens in unsagbar leichtsinniger Selbstsuggestion einen unglücklichen Unschuldigen ins Verderben jagen, auf seine ‚Schuld' zu arbeiten, obwohl er wusste oder wissen musste, dass er unschuldig oder minder schuldig ist?

„So ohne weiteres und ohne Beweise zu haben, kann man doch nicht einen Untersuchungsrichter oder ganze Gruppen derselben als ehr- und gewissenlose, gottvergessene Schufte hinstellen. Und gäbe es ja unter vielen Untersuchungsrichtern einen solchen Elenden — dann ist wieder nicht das Institut der Voruntersuchung schuld daran, sondern diejenigen, die den Menschen nicht erkannt und trotz seiner verächtlichen Gesinnung auf den verantwortungsvollen Posten eines Untersuchungsrichters gestellt haben."

Was sollen wir mit dieser höchst subjektiven Versicherung des Herrn Prof. Gross anfangen? Sie vermag die mit ihm anzustrebende Verständigung in keiner Weise zu fördern!

Niemand denkt daran, den Untersuchungsrichter in jener Weise anzugreifen, wie dies Herr Prof. Gross hier zum Ausdruck bringt, aber darum kann die Gefahr der Befangenheit bei den Amtsverrichtungen desselben nicht ausgeschlossen werden, während sein Name und seine Würde für die volle Objektivität seiner Feststellungen und Ermittelungen Bürgschaft zu geben scheint.

Auf den starken Appell, den Herr Prof. Gross bezüglich der persönlichen Achtbarkeit der Untersuchungsrichter vorzubringen für nötig hielt, antworten wir mit folgendem:

Auch die Inquirenten des gemeinrechtlichen Prozesses aus der zweiten Hälfte des 18. und der ersten Hälfte des 19. Jahrhunderts, ja selbst die Inquirenten der früheren Zeit, welche die Tortur zu handhaben hatten, waren gewiss zum grössten Teile ehrliche und redliche Männer, welche überall und immer nach Recht und Billigkeit vorzugehen glaubten und wieviel Unheil haben sie gleichwohl, ohne es zu beabsichtigen, angerichtet?

IX.

Gerade bezüglich der gerichtlichen Voruntersuchung haben wir allen Anlass, uns an dem Grundsatze „Discite moniti" zu halten, weil es für den Beschuldigten von der grössten Bedeutung ist, nicht bereits v o r der entscheidenden Hauptverhandlung mit dem Stigma eines r i c h t e r l i c h e r s e i t s anerkannten und ausgesprochenen hohen Schuldverdachtes behaftet zu sein.

Einen derartigen Schuldverdacht zu zerstören, kann dem Beschuldigten im Verlaufe einer kurzen Hauptverhandlung nur schwer gelingen; es bedarf nur einiger ungünstiger Zufälle, und der unschuldig Verfolgte verfällt auch wirkich der irrigen Verurteilung.*)

Unsere Bedenken richten sich übrigens, wie wir bereits in unserer Abhandlung „Über einige Reformen" (S. 122 u. 123) erklärt haben, nicht allein gegen die Ergebnisse der gerichtlichen Voruntersuchung im allgemeinen, sie richten sich insbe-

*) Man klage uns keiner tendenziösen Übertreibung der Gefahr der Verurteilung unschuldiger Personen an, wenn wir behaupten, dass diese Gefahr wächst und insbesondere in der letzten Zeit erheblich zugenommen haben.

Es vergeht selten ein Tag, an dem nicht über entdeckte Justizirrtümer berichtet wird, und in wie viel Fällen mag die Strafe verbüsst werden, ohne dass der Zufall oder die Bemühungen von Freunden und Verwandten des Verurteilten zum Nachweise der Nichtschuld des letzteren führen.

Nun ist es gewiss bemerkenswert, dass derlei Mitteilungen über entdeckte Justizmorde zumeist aus solchen Ländern kommen, in welchen sich die Macht und die Wirksamkeit des Untersuchungsrichters am meisten erhalten hat — wie aus Frankreich und Italien — und dass es dort vielfach eben dem Untersuchungsrichter zur Last gelegt wird, durch übereifrige Verfolgung und ungegründete Verdächtigung die Verurteilung des später als schuldlos erklärten Angeklagten veranlasst zu haben. — Fälle dieser Art können jederzeit namhaft gemacht werden.

sondere auch gegen das Prinzip, nach welchem ein Richter mit einer Untersuchung betraut wird. „Wir bezweifeln" — so sagten wir a. a. St. — „ob man berechtigt sei, die Untersuchung gegen einen Beschuldigten durch den Richter führen zu lassen, weil eine richterliche Untersuchung als solche, einen bleibenden Makel für den Beschuldigten begründet, der auch durch eine später erfolgte Freisprechung von der Anklage nicht vollkommen beseitigt zu werden vermag.

„Der Verfolgte hat, wie wir glauben, ein Recht darauf, zu verlangen, dass er im Laufe des vorbereitenden Verfahrens nur dem Staatsanwalte als Prozesspartei und nicht dem Richter als ‚Beschuldigter' gegenübergestellt werde. Insolange ihm nur der Staatsanwalt gegenübersteht und das Prozessmaterial sammelt, wird man immer geneigt sein, seine Schuld als eine zweifelhafte zu erklären und dem Kampfe zwischen ihm und dem Vertreter der Staatsbehörde teilnahmsvoll oder doch ohne Voreingenommenheit zuzusehen; die Sache ändert sich aber bedeutend zu Ungunsten des Verfolgten, sobald es der Richter ist, der die Sammlung des Prozessmaterials betreibt und in dieser Tätigkeit, bei welcher die volle Objektivität nicht gewahrt zu werden vermag, dem Beschuldigten gegenübersteht.

„Die Volksmeinung ist nur zu leicht geneigt, eine derartige ‚richterliche' Untersuchung an sich, als einen bereits erbrachten, erheblichen Schuldbeweis anzusehen und ihr Verhältnis zu dem Beschuldigten danach zu bestimmen, ohne dass, wie bereits erwähnt wurde, der schliessliche Ausgang des Strafprozesses — und selbst wenn er ein günstiger wäre — den Verfolgten irgend welche Remedur zu bieten vermöchte."

X.

Nachdem die Hauptarbeit betreffs der Prüfung des von Herrn Prof. Gross in der Frage der Reform des Vorverfahrens eingenommenen Standpunktes getan ist, können wir uns in den noch weiter folgenden Punkten kürzer fassen, denn nicht um eine ausführliche Begründung des bereits von uns wiederholt gemachten Vorschlages auf Aufhebung der gerichtlichen Voruntersuchung ist es uns hier zu tun, sondern nur um die Widerlegung einzelner gegen diesen Vorschlag neuerdings geltend gemachter Bedenken.

Grosse, ja „unübersteigliche" Schwierigkeiten glaubt Herr Prof. Gross für den Fall der Beseitigung der gerichtlichen Voruntersuchung betreffs der Frage der Verteidigung des Beschuldigten in Aussicht stellen zu müssen. Nach seiner Auffassung und Darstellung müsste dem die Sammlung der Beweise betreibenden Staatsanwalte in jedem einzelnen Straffalle oder doch in der übergrossen Mehrzahl der Fälle ein Verteidiger des Beschuldigten entgegengestellt werden, was einerseits zu einer bedeutenden Verzögerung des Verfahrens, andererseits zu einem Kostenaufwande führen müsste, den die einzelnen Staaten zu tragen nicht geneigt sein dürften. Wir müssen auch hier zum Zwecke der leichteren Verständigung, und weil wir nicht verkennen wollen, dass Herr Prof. Gross in dieser Sache für zahlreiche Gegner der Beseitigung der gerichtlichen Voruntersuchung das Wort führt, den Ausführungen desselben mit möglichster Treue nachgehen.

Derselbe erklärt — S. 17 ff. der zit. Abhandlung —:

„Es ist selbstverständlich, dass man dann, wenn verlangt wird, dass eine Partei, der Staatsanwalt, die belastenden Mittel für die Hauptverhandlung sammelt, auch in irgend einer Form auf kontradiktorisches Vorverfahren stösst. Das ist um so natürlicher, als man, ohne die Natur der Staatsanwaltschaft als verfolgende Partei vollständig zu ändern, nicht verlangen kann, nicht einmal zugeben darf, dass der Staatsanwalt selbst die entlastenden Beweise zusammenträgt, das muss die andere Partei, der Beschuldigte tun . . ."

Bleiben wir vor allem bei diesem Absatze stehen. — Schon in diesen, die weitere Erörterung der Frage einleitenden Worten, geht Herr Prof. Gross von irrtümlichen Voraussetzungen aus, und gelangt darum auch zu unrichtigen Folgerungen. Zunächst möchten wir aus seiner Bemerkung und einer andern, mit welcher er den kritischen Teil seiner Darstellung abschliesst,*) folgern, dass er der Anschauung

*) S. 22 der zit. Abhandlung.

Fassen wir das Gesagte zusammen, so kommen wir zu dem Ergebnisse:

ist: Die Internationale krim. Vereinigung — an deren Adresse seine mehrfach zitierte Abhandlung gerichtet erscheint — habe sich für die Einführung der sog. kontradiktorischen Voruntersuchung ausgesprochen.

Das ist aber mit nichten der Fall, weit eher liesse sich das Gegenteil behaupten.

Die sog. kontradiktorische Voruntersuchung stand bei der im J. 1899 in Pest abgehaltenen VIII. Jahresversammlung der Int. krim. Vereinigung zur Prüfung.

Die über die Frage, ob die Einführung des Institutes zu empfehlen sei, abgeführte Debatte ergab nichts weniger, als die Billigung dieser durch das französische Gesetz vom 8. Dezember 1897 verwirklichte Institution,*) indem ein dem Übergang zur Tagesordnung beinhaltender Antrag: „es sei die Reform des Vorverfahrens in weitere Beratung zu ziehen" zur fast einmütigen Annahme gelangte.

Geht daher Herr Prof. Gross bei seiner Polemik von der Anschauung aus, dass sich die Int. krim. Vereinigung für die Einführung der sog. kontradiktorischen Voruntersuchung und sohin auch dafür erklärt habe, dass nahezu in jedem Straffalle ein Verteidiger für die Sammlung des Entlastungsmateriales aufgestellt zu werden habe, so befindet er sich in einem entschiedenen Irrtum.

Für ebenso irrig halten wir die weitere Behauptung des Herrn Prof. Gross, dass man dem Staatsanwalte die Sammlung und Berücksichtigung entlastender Momente nicht zumuten dürfe, da sonst seine Natur als verfolgende Partei vollständig geändert werden würde.

Diese letztere Behauptung lässt sich mit dem Wesen und den Entwicklung der Staatsanwaltschaft nicht in Einklang bringen.

---

dass die Unzufriedenheit mit dem Wesen der heutigen Voruntersuchung eine allgemeine und berechtigte ist; dass man sich eifrig bestrebt, diesfalls eine Abhilfe zu treffen,

dass man geglaubt hat, die Abhilfe zu finden, wenn die Voruntersuchung beseitigt und ein kontradiktorisches Verfahren durch die Parteien eingeführt wird ...

*) Mitteilungen der Internat. krimin. Vereinigung, Bd. 8, H. 2, S. 245 ff.

Wir wollen die Frage, ob selbst eine „bloss verfolgende Partei“ nicht so loyal sein solle, um entlastende Momente nicht unberücksichtigt zu lassen, hier nicht erörtern; wir begnügen uns, darauf zu verweisen, dass der Staatsanwalt als eine verfolgende Partei in gewöhnlichem Wortsinne nicht angesehen werden könne, weil er im öffentlichen Interesse seines Amtes waltet.

Dieser durch die geltende österreichische und deutsche Prozessgesetzgebung ausdrücklich anerkannte Standpunkt*) ist es auch, der in erster Linie es ermöglicht, dem Staatsanwalte die Führung der Untersuchung zu übertragen und die gerichtliche Voruntersuchung für das Strafverfahren entbehrlich macht.

Es vermag der Staatsanwalt die Rolle, welche man dem Untersuchungsrichter anweist, zur Gänze selbst zu übernehmen, ohne dass man ihm dabei in beirrender Weise einen richterlichen Charakter zuerkennen müsste. Wenn daher Herr Prof. Gross (S. 14 der Abh.) mit unverkennbarem Spotte fragt: Wer von den beiden (Staatsanwalt und Untersuchungsrichter) wohl der „Überflüssige“ sei, so wären wir geneigt, die Antwort zu geben: der „Üerflüssige“ im Strafverfahren ist der Untersuchungsrichter und sein Geschick teilt naturgemäss auch die gerichtliche Voruntersuchung!

XI.

Im weitern Verlaufe seiner Darlegung verweist Herr Prof. Gross auf die Notwendigkeit, dass im Zuge des Vorverfahrens die Parteien unter einander bezüglich ihrer Behauptungen und Gegenbehauptungen, bezüglich ihrer Beweise und Gegenbeweise zu „kommunizieren“ hätten und deduziert diese Notwendigkeit folgendermassen:

---

*) § 3 der österr. St.P.O.: „**Alle** in dem Strafverfahren tätigen Behörden haben die zur Belastung und die zur Verteidigung dienenden Umstände mit gleicher Sorgfalt zu berücksichtigen . . .“

§ 158 Absatz 2 der deutschen St.P.O.: „Der Staatsanwalt hat nicht bloss die zur Belastung, sondern auch die zur Entlastung dienenden Umstände zu ermitteln . . .“

„Freilich, wenn es sich bei jeder Beschuldigung um eine einzige Behauptung und eine einzige Gegenbehauptung handeln würde, dann könnte man sich ja manches" — nämlich die Entbehrlichkeit der gerichtlichen Voruntersuchung — „vorstellen . . . Aber so einfach sind die allerwenigsten Fälle, ihre Zahl ist zuverlässig so gering, dass sie kaum einer Berücksichtigung wert sind; fast immer handelt es sich bei leugnenden Beschuldigten um einen zusammengesetzten Beweis . . . es ist also notwendig, dass die Parteien von ihrem Materiale gegenseitig verständigt werden, sonst stockt die Arbeit, alles wird erst bei der Verhandlung bekannt und Vertagungen über Vertagungen werden die Hauptarbeit der Gerichte bilden."

Die hier ausgesprochene Besorgnis von der Schwierigkeit einer Verständigung zwischen den Parteien im Stadium des vorbereitenden Verfahrens scheint uns recht übertrieben zu sein.

Der Beschuldigte lernt die gegen ihn gesammelten Beweise schon vor der Hauptverhandlung durch die Vernehmung, in jedem Falle aber durch die ihm rechtzeitig zu behändigende, sachlich zu begründende Anklage kennen, und findet daher ausreichende Gelegenheit, seine Gegenbehauptungen aufzustellen, und seine Gegenbeweise zu führen.

Auch handelt es sich, was wir gegen Herrn Prof. Gross behaupten müssen, bei Strafuntersuchungen in der Regel um ein einfaches Faktum — diese oder jene körperliche Beschädigung, diesen oder jenen Diebstahl usw. — und da bedarf es keiner weitwendigen Mitteilungen, um den Beschuldigten über die Pflicht und das Recht seiner Verteidigung zu belehren, und ihn zu veranlassen, das Nötige zu tun, damit die ihm drohende Verurteilung nicht erfolge.

Und, wenn Herr Prof. Gross darüber bewegliche Klage führt, dass, wenn sein System nicht befolgt wird, „die Arbeit stockt, alles erst bei der Verhandlung bekannt wird und Vertagungen über Vertagungen die Hauptarbeit der Gerichte bilden werden", so beantworten wir diese Klage mit folgendem:

Wir vermöchten darin, dass die entscheidenden Tatsachen unmittelbar erst zur Kenntnis des urteilenden Gerichtes gelangen, keinen Nachteil für die Findung des Rechtes zu erblicken; es wäre ein geradezu idealer Zustand der Rechtsprechung, wenn es überhaupt kein Vorverfahren geben müsste, die Anklage erst vor dem Erkenntnisgerichte erhoben, die Beweise und Gegenbeweise sofort durchgeführt und im unmittelbaren Anschlusse daran auch die Entscheidung gefällt zu werden vermöchte.

Die Vorbereitung, die Instruierung des Prozesses ist ein Notbehelf, weil die physischen Mittel nicht dazu ausreichen, das Geschehene sogleich zu überschauen und in der Form der Anklage vor den Richter zu bringen; — je weniger aber es dieses Notbehelfes bedürfen würde, desto mehr könnte das „Richten" seinem Zwecke entsprechen und seine Aufgabe erfüllen.

Das standrechtliche Verfahren, das Verfahren in unbedeutenden Strafsachen nähern sich auch bereits einer solchen kurzen, summarischen Verfahrungsart, bei welcher es keine formelle Vorbereitung gibt, dieselbe vielmehr mit der Hauptverhandlung selbst zusammenfällt.

Wenn Herr Prof. Gross endlich seiner Besorgnis vor möglichen wiederholten Vertagungen Ausdruck gibt, so entspricht dies lediglich seiner bereits hervorgehobenen Vorliebe für äusserlich wohlgeordnete Verhandlungen; wir teilen diese Vorliebe nicht, wir erblicken nichts Schreckhaftes darin, wenn das Gericht, um sich über irgend einen hervorgekommenen Umstand neu oder über ein bereits zur Erörterung gebrachtes Verhältnis besser zu informieren, eine Vertagung beschliesst und durchführt. Derlei Vertagungen mögen der äusserlichen Gestaltung der Strafverhandlungen Abbruch tun; für den Zweck des Verfahrens sind sie oft recht förderlich.

Das Interesse der materiellen Wahrheitserforschung kann durch dieselben in den meisten Fällen nur gefördert werden und die durch eine solche Vertagung dem Gerichte und den Parteien etwa bereiteten Unbequemlichkeiten dürfen dem anzustrebenden höhern Zwecke gegenüber nicht ins Gewicht fallen.

XII.

Bei der grossen Wichtigkeit, die Herr Prof. Gross der Kommunikation der Parteien im Laufe des Vorverfahrens beimisst, ist es erklärlich, dass er für dieselbe wieder nur die Vermittlung des Untersuchungsrichters in Anspruch nimmt. „Aber auch hier führe" — so meint er — „die Durchführung unbedingt zur Unmöglichkeit. Soll sich der Untersuchungsrichter um das Meritorische der Sache annehmen, so arbeitet er dann doch die Untersuchung selbst noch einmal, nachdem sie der Staatsanwalt schon gearbeitet hat und der Effekt ist wieder der, dass zwei ihre Zeit für dasselbe aufwenden, was früher einer, der Untersuchungsrichter, gearbeitet hat.

„Soll der Untersuchungsrichter aber bloss formell arbeiten, ohne sich um das Wesen der Sache zu bekümmern und bloss dem einen mitteilen, was ihm der andere gesagt hat, dann sinkt der Untersuchungsrichter zum Beamten eines Ausfunftsbureaus herab, mit dem die Parteien spielen können wie sie wollen.

„Und die aufgewendete Zeit!

„. . . wenn man sich das ‚künftige' Verfahren vorstellt, in dem die Parteien selber arbeiten sollen und wenn man zugeben wollte, dass die Sache wirklich anderweitig ginge, so scheitert sie zuverlässig an dem endlosen Gange des Verkehrs."

Wir sehen, Prof. Gross schildert das Verfahren ausserhalb der gerichtlichen Voruntersuchung „grau in grau", dabei übersieht er aber, dass gerade jene Eigenschaften, die er von dem Vorbereitungsverfahren prästiert wissen will, dass gerade diese Eigenschaften erfahrungsgemäss der gerichtlichen Voruntersuchung nicht zukommen.

Letztere beruht zunächst auf dem Prinzipe der Heimlichkeit, der Schleier, der auf der Tätigkeit des Untersuchungsrichters ruht, wird dem Beschuldigten gegenüber gar nicht, dem Staatsanwalt gegenüber vielfach nur ungerne und mit einem gewissen Widerstreben gelüftet; von einer Kommunikation zwischen den Parteien, für die Herr Prof. Gross schwärmt, ist gerade in der gerichtlichen Voruntersuchung nichts zu entdecken.

Gemeinhin weiss nur der Untersuchungsrichter, was für und was wider den Beschuldigten vorgebracht wird, aber da er in der Regel nach einem bestimmten Plane arbeitet, so erfährt naturgemäss entweder das zugunsten oder das zuungunsten des Beschuldigten zeugende Beweismaterial eine sorgfältigere Berücksichtigung, wodurch der angestrebte Zweck einer gleichmässigen Berücksichtigung aller Momente ebensowenig vollständig verwirklicht zu werden vermag, als wenn die Kommunikation den Parteien selbst überlassen bleibt.

Nicht besser ist es mit der behaupteten Raschheit der gerichtlichen Voruntersuchungen bestellt.

Die letzteren geniessen den unbestrittenen Ruf einer ganz zweckwidrigen Langsamkeit des Verfahrens. Es vermag doch wohl nicht geleugnet zu werden, dass die Beseitigung des alten gemeinrechtlichen Inquisitionsprozesses — dieses Musterbildes der gerichtlichen Voruntersuchung — hauptsächlich wegen der unerträglichen Langwierigkeit des Verfahrens erfolgte, und nun soll die gerichtliche Voruntersuchung darum erhalten bleiben, weil man das Vorgehen bei derselben für expeditiv hält und Besorgnisse vor einem langsamen Betriebe des Verfahrens durch die Parteien geltend macht!

Diese Besorgnisse erscheinen uns schon darum unbegründet, weil man den Parteien die Befugnis einräumen kann, durch Anrufung des Gerichtes eine ungegründete Verzögerung des vorbereitenden Verfahrens, in geeigneter Weise hintanzuhalten.

XIII.

Die grösste, oder wie er sie nennt, die „unübersteiglichste" Schwierigkeit findet aber Herr Prof. Gross in der bereits oben erwähnten Kostenfrage der bei Aufhebung der gerichtlichen Voruntersuchung zu bestellenden Verteidigung. Er erklärt diesfalls:

„Dass der Staatsanwalt seine Beweise sammelt, das wäre ja am Ende denkbar, er tut es ja auch heute, wenn auch meistens mit Inanspruchnahme des Untersuchungsrichters. Aber wie denkt man sich denn das auf Seite der Partei? Man weiss, dass ungefähr 95 Prozent aller Angeklagten vermögenslose Leute sind, die sich einen Verteidiger nicht zahlen können. Das würde auch im ‚künftigen‘ Verfahren so sein und es wären nur 5 Prozent aller Beschuldigten in der Lage, sich ihre Beweise durch einen von ihnen bezahlten Verteidiger sammeln zu lassen. Bleibt also das überwiegende Gros der Beschuldigten mit 95 Prozent übrig, die ohne Verteidiger dastehen . . . ich will annehmen, dass sich diese 95 Prozent (wegen der Geständigen usw.) auf etwa 80 Prozent verringern und dann ist es noch eine nicht zu bewältigende Zahl, für die Advokaten und Rechtsbeistände verschafft werden sollen."

Die Leistung einer solchen Verteidigung hält Herr Prof. Gross für bedeutend, darum sei das Entgelt für dieselbe ein namhaftes und ein solches werde vom Staate nicht geleistet werden wollen; man werde daher insbesondere aus diesem finanziellen Grunde zur gerichtlichen Voruntersuchung wieder zurückkehren müssen, in welcher scheinbar der Beschuldigte, in Wirklichkeit aber der Untersuchungsrichter die Beweise zu sammeln haben wird.

Von vornherein lässt sich auch diesen Ausführungen des Herrn Prof. Gross eine gewisse Popularität nicht absprechen.

Die Berufung auf jene soziale Ungleichheit, welcher der Unterschied zwischen reich und arm zugrunde liegt, pflegt in unseren Tagen sich des öftern sehr wirksam zu gestalten. Indes es steht die Sache durchaus nicht so, wie sie von Herrn Prof. Gross hier dargelegt wird.

Seine Behauptung, dass fortan fast in jeder Strafuntersuchung ein Verteidiger werde intervenieren müssen, steht, wie bereits erwähnt wurde, mit der Voraussetzung im Zusammenhange, dass die Reform des Vorverfahrens durch Einführung der sog. kontradiktorischen Voruntersuchung verwirklicht werden müsste.

Hier meint man, dass dem Ankläger stets ein Verteidiger gegenüber zu stehen habe, so, dass die ganze Untersuchungstätigkeit sich in Parallelaktionen der beiden Parteienvertreter auflösen würden, wobei man eines besonderen amtlichen oder Privatverteidigers wohl schwer entraten könnte. Wird aber ein solches verfehltes System*) nicht akzeptiert, wird anerkannt, dass die Vorbereitung einer Strafsache und die Phase der Endentscheidung auseinander zu halten seien, und dass dem Element der Verteidigung in der bloss vorbereitenden Prozessphase nicht jene Rolle zukomme, welche von der Verfolgung in Anspruch genommen werden muss; dann ergibt sich zwangslos, dass dem Staate nicht die Verpflichtung auferlegt werden könne, dafür Sorge zu tragen, dass in jeder Strafsache von Anbeginn und während der Dauer der Untersuchung dem staatlichen Anwalte, auch ein Anwalt des Beschuldigten in Tätigkeit gegenüberstehe.

Es darf nämlich die Aufgabe des Beschuldigten im Strafverfahren durchaus nicht mit jener des Anklägers auf gleiche Stufe gestellt werden.

Letzterer hat, dem Legalitäts-Prinzipe unterstehend, den Nachweis zu liefern, dass etwas geschehen ist, was den Anlass zur Prüfung gibt, ob die Strafgewalt des Staates in einem konkreten Falle in Wirksamkeit zu treten habe; der Beschuldigte dagegen, der über sein Verteidigungsrecht frei disponiert, hat sich auf die weit geringfügigere Aufgabe der Abwehr der Beschuldigung zu beschränken.

Zur Verwirklichung der letztern bedarf es im Stadium des vorbereitenden Verfahrens keiner kontradiktorischen Verhandlung, und darum auch, der Regel nach, keines rechtskundigen Vertreters. Auch kann die etwa fehlende Verteidigung — von Ausnahmsfällen abgesehen — bei der Hauptverhandlung selbst nachgetragen werden, weil doch der Richter in derselben von Amts wegen zu prüfen hat, ob die erhobene und aufrecht erhaltene Anklage auch ausreichend begründet sei.

Die Besorgnis, es könnte sich nach Aufhebung der gerichtlichen Voruntersuchung die Zahl der Fälle, in welchen Verteidiger zu intervenieren hätten, ungewöhnlich vermehren, wird übrigens schon durch folgende Tatsache widerlegt.

Schon jetzt ist es nach den geltenden Bestimmungen der deutschen, wie der österreichsichen Strafprozessordnung Pflicht des Gerichtes, dem Beschuldigten über seinen Wunsch

*) Wir haben die Mängel der sog. kontradiktorischen Voruntersuchung in unseren „Reformen des Vorverfahrens" S. 19—28 ausführlich dargelegt.

bereits im Zuge des Vorverfahrens einen Verteidiger (für die „Wahrnehmung" gewisser Rechte) zu bestellen.

Es geschieht dies jedoch nur äusserst selten, weil der Beschuldigte in den weitaus meisten Fällen im Stadium des Vorverfahrens eben kein Bedürfnis nach Beigebung eines rechtskundigen Vertreters hat und darum dasselbe auch nicht zur Geltung bringt. Dass sich dieses Verhältnis nach Aufhebung der gerichtlichen Voruntersuchung irgendwie wesentlich ändern sollte, ist nicht anzunehmen.

Weiter sollte auch den sog. finanziellen Bedenken nicht so viel Bedeutung beigemessen werden, um an denselben eine Reform, sobald sich dieselbe als notwendig und zweckdienlich darstellt, scheitern zu lassen.

Auch wenn man im neuen Verfahren in einzelnen Fällen Verteidiger bestellen müsste, die ihre Tätigkeit gleich zu Beginn der staatsanwaltschaftlichen Untersuchung entfalten würden und daher in angemessener Weise zu entlohnen wären, auch dann liesse sich noch lange nicht behaupten, dass derartige Kosten als eine unnötige Belastung des Staatsschatzes angesehen werden müssten.

Ein loyaler Verteidiger kann, wenn die Verfolgung sich gegen einen Unschuldigen richtet — was ja nicht durchweg vermieden zu werden vermag — zur Entdeckung des wahren Schuldigen wesentlich beitragen, weil er eben durch die Supposition: dass der bereits Verfolgte der wirkliche Täter sei, nicht beirrt ist. Der Verteidiger, der das volle Vertrauen des Verfolgten geniesst — kann durch Mitteilungen desselben auf die Spur des wahren Täters gelenkt werden — und da er auch sonst das Interesse hat, durch den Nachweis der Schuld eines Andern, die Schuldlosigkeit seines Mandanten darzutun, so kann seine Beiziehung den Interessen der Verfolgung vielfach nützlich werden.

Gar manche Untersuchung verläuft resultatlos, weil zu Beginn derselben der Verfolger seinen Verdacht auf eine bestimmte Person lenken zu müssen glaubt, dabei eine andere Spur übersieht, oder doch weniger beachtet, so dass dieselbe sich verlieren kann. Der Verteidiger des irrtümlicherweise Beschuldigten würde durch seine Tätigkeit einen solchen — übrigens wohl erklärlichen — Mangel der Aufmerksamkeit des Staatsanwalts gewiss paralysieren, der Spur, die auf einen andern Täter hinweist, vielleicht mit Erfolg nachgehen und so indirekt zum tatkräftigen Helfer des Staatsanwalts werden.

Aus dem Gesagten ergibt sich, dass eine dem Verteidiger etwa zu leistende Entschädigung keine unnötige Belastung des Staatsschatzes bildet, da unter besondern Umständen die Tätigkeit dieses Prozessorganes vielfach auch der Verfolgung gute Dienste zu leisten vermag.

XIV.

Den letzten Absatz (S. 23—27) widmet die Abhandlung dem Versuche zu zeigen, durch welches Mittel die heutige Voruntersuchung, von der wiederholt zugegeben wird, dass die Unzufriedenheit mit ihrem Wesen eine allgemeine und berechtigte sei, verbessert zu werden vermöchte.

Herr Prof. Gross führt die Fehlerhaftigkeit der heutigen gerichtlichen Voruntersuchung auf ihre „schlechte Handhabung“ und letztere wieder auf die durchaus ungenügende Qualifikation der Untersuchungsrichter zurück und erklärt diesfalls in überaus scharfer Weise (S. 23):

„Dass einerseits das Amt eines Untersuchungsrichters und die damit verbundenen Tätigkeiten unleugbar sehr schwierig sind, und dass andererseits heute kein Untersuchungsrichter Gelegenheit hat, das Viele und Schwierige, was er in seinem Berufe braucht, systematisch zu lernen. Niemand wird behaupten, dass für die untersuchungsrichterliche Arbeit des genügen kann, was der Jurist auf der Universität lernt. Niemand wird sagen, dass das bisschen Tradition im Amte Kenntnisse schaffen kann und niemand wird es für gerechtfertigt halten, wenn ein Untersuchungsrichter einzig und allein durch Fehler und Missgriffe lernen soll. Ich glaube, dass man mit völliger Sicherheit sagen kann: der von uns gehandhabte Vorgang bei Schaffung eines Untersuchungsrichters steht absolut einzig in der Welt da, auch nichts annähernd Ähnliches ist aufzufinden. Der Jurist lernt auf der Universität so und so viele hundert Paragraphen, deren Auslegung und systematische Stellung: wie ein Verbrecher aussieht, wie es mit seiner Psyche und seinem Handeln steht, wie ein Verbrechen im Leben begangen wird, wie es aussieht, wie man es wahrnimmt, was dabei vorkommt, wie es der Zeuge sieht und falsch sieht, welche innere Vorgänge im Sachverständigen und Richter bestehen, wie und wann man schliesst, wer helfen kann, wie man sich um Hilfe umsieht und tausend anderes — niemand sagt dem künftigen Untersuchungsrichter etwas davon, sorgfältig wird alles verhüllt und er kommt in die Praxis ohne einen Verbrecher, ohne ein Verbrechen gesehen zu haben. In der Praxis sieht er eine kurze Zeit zu, zu einem Unterrichten und Erklären hat niemand Zeit und Lust und dann wird der junge Mann Untersuchungsrichter und hat die ganze verantwortungsvolle, tief einschneidende Arbeit erst zu lernen — ich wiederhole, ein Analogon von Kühnheit und Gleichgültigkeit gegen das Objekt gibt es auf der Welt nicht. Wenn dann das Institut der Voruntersuchung keine Freunde gewinnt, so ist das wahrhaftig nicht zu verwundern, wohl aber, wenn man den offen zutage liegenden Grund nicht sieht:

„Nicht die Voruntersuchung als Institut ist daran schuld, wenn sie bankbrüchig würde, sondern die mangelhafte Ausbildung des Untersuchungsrichters trägt allein die Schuld...

„Wenn daher jemand gegen die Voruntersuchung in ihrer heutigen Form auftritt, so hat er recht, aber nicht, weil die Idee einer Voruntersuchung falsch ist, sondern weil die heutigen Untersuchungsrichter keine Gelegenheit haben, sich für ihr Amt auszubilden und vorzubereiten.

„Eine Voruntersuchung mit übel unterrichteten Untersuchungsrichtern ist nicht bloss zweckwidrig, sondern ein geradezu gefährliches, die Rechtssicherheit schädigendes Institut.

„Eine Voruntersuchung mit gut vorbereiteten, in ihr Amt eingeführten, gründlich geschulten und in der Zahl genügenden Untersuchungsrichtern ist die einzig mögliche und durchführbare, wirklich entsprechende und gute Form eines Vorverfahrens."

Herr Prof. Gross spricht sich sodann für die gründliche

und endgültige Beseitigung des Geschworeneninstitutes aus,*) warnt nochmals vor einer gesetzlichen Änderung des Vorverfahrens und schliesst seine Abhandlung mit den Worten:

„Der hier gemachte Vorschlag geht also abermals dahin: man schütte das Kind nicht mit dem Bade aus, man verwerfe nicht die Voruntersuchung, bevor man sich nicht davon über-

---

*) Herr Prof. Gross erklärt diesfalls S. 24:

„Bliebe es bei der alten Voruntersuchung, aber mit wirklich guten Untersuchungsrichtern, so wäre es dann selbstverständlich, dass die Geschworenen gründlich und endgültig beseitigt werden. Es ist hier nicht der Ort, um die unabsehbaren Gefahren, die bedeutende Rechtsunsicherheit, und die unehrliche und unwahre Stellung zu beleuchten, in die wir durch das unselige Geschworeneninstitut geraten sind — aber das eine **muss** hier gesagt werden: mit einer sorgfältig wissenschaftlich begründeten und logisch vorbereiteten Voruntersuchung und mit einer ebenso durchgeführten Hauptverhandlung ist der Gedanke an Geschworene einfach unvereinbar.

Einen schwierigen Fall juristisch, logisch, psychologisch und kriminalistisch unangreifbar vorzubereiten und dementsprechend korrekt und feinfühlig bei der Hauptverhandlung vorzuführen und zu leiten ist ein grosses und schwieriges Kunststück und da mitzugehen, Missverständnisse und unrichtiges Auffassen auszuschliessen, das ist ebenso schwierig, es erfordert viel Können und viel Wissen und ebenso viel Erfahrung und Schulung — das haben die Geschworenen nicht und können es nicht haben . . ."

Wir müssen bekennen, dass wir den Zusammenhang zwischen der, vor Geschworenen durchzuführenden Hauptverhandlung und einer „sorgfältig begründeten und logisch vorbereiteten Voruntersuchung" nicht begreifen, wir sehen durchaus nicht ein, warum die von Herrn Prof. Gross empfohlene Vorbereitung der Anklage „mit dem Gedanken an Geschworene unvereinbar sein sollte". Die Gesetzgebung in Deutschland wie in Österreich steht gerade auf dem entgegengesetzten Standpunkte; sie verlangt in Schwurgerichtsfällen (in Deutschland ausnahmslos, in Österreich, sobald es sich um die Anschuldigung wegen eines Verbrechens handelt) die Vorbereitung der Anklage durch die gerichtliche Voruntersuchung, ein Moment, welches Herr Prof. Gross zugunsten seiner Anschauung hätte geltend machen können; warum er dieses nicht getan und sich für die gegenteilige Ansicht erklärt, ist uns nicht verständlich.

Den Kampf bezüglich der Vorzüge und Nachteile des Schwurgerichtes möchten wir an dieser Stelle nicht ausfechten wollen; nur das bemerken wir, dass die Besorgnis, es könnte bei Aufhebung des Schwurgerichtes „das Kind mit dem Bade ausgeschüttet werden" wohl auch hier am Platze wäre. Wir haben die Überzeugung gewonnen, dass durch das Institut der Jury das Rechtsgefühl des Volkes und insbesondere jenes der Geschworenen selbst wesentlich gestärkt wird — und um dieses Momentes willen vermöchten wir uns nicht zu entschliessen, das Institut, welches sich in vielen Ländern glänzend bewährt hat, sofort und ohne jede weitere Prüfung aufzugeben.

zeugt hat, dass sie nicht bloss verbesserungsfähig, sondern sogar so zu gestalten ist, wie sie unter menschlichen Verhältnissen nicht besser sein könnte.

„Haben wir genug Untersuchungsrichter, die ihre Arbeit im Verhältnisse zur Zeit setzen können und nicht überhastet und überangestrengt arbeiten müssen, haben wir diese Untersuchungsrichter, bevor sie ihr Amt antreten, in moderner Weise unterrichten lassen, haben wir ihnen gesagt und gezeigt, was und wie sie arbeiten müssen, haben wir uns endlich davon überzeugen lassen, dass es ausser dem eigentlichen Strafrechte die für das kriminalistische Leben absolut unentbehrlichen strafrechtlichen Hilfwissenschaften gibt — haben wir dann einen Generalstab tüchtig geschulter Untersuchungsrichter, dann können wir uns getrost an die Bekämpfung des Verbrechens wagen . . .“

Wir müssen wiederholen, was wir schon mehrfach bezüglich der Darstellung des Herrn Prof. Gross erklärt haben: Die von ihm gewählten Argumente sind zum Teil bestechend und erscheinen auf den ersten Anblick wohl geeignet, die Zahl der Anhänger der gerichtlichen Voruntersuchung zu vermehren und die bereits vorhandenen Freunde des vielgenannten Institutes in ihrer Anschauung von der Zweckmässigkeit desselben zu bestärken.

Die Waffen, welche Herr Prof. Gross wider die Gegner der gerichtlichen Voruntersuchung führt, sind nicht übel gewählt.

Er schliesst sich zunächst dem allgemeinen Urteile an, dass die heutige gerichtliche Voruntersuchung nicht befriedigen könne, und dass daher der Wunsch nach Abhilfe ein natürlicher und durchaus gerechtfertigter sei. — Aber er will hierfür nicht das Wesen des Instituts, sondern die Art der Handhabung desselben verantwortlich machen, deckt zu diesem Zwecke einige unzweifelhafte Fehler der Praxis auf und zeigt, wie diese Fehler zu beseitigen wären.

Sodann warnt er in populärer Weise, durch Beseitigung des Institutes, „nicht das Kind mit dem Bade auszuschütten“ und nützt die traditionelle Scheu vor gesetzgeberischen Reformen in ergiebiger Weise dazu aus, um einen neuerlichen Versuch mit der Wirksamkeit des bereits einmal bestehenden, vielfach eingelebten Institutes dringend zu empfehlen. Dadurch, dass er die besten Erfolge eines solchen Versuches in Aussicht stellen zu können vermeint, wenn nur einmal die „zukünftigen“ Untersuchungsrichter einen mehreren Unterricht genossen und für die Ausübung ihres Berufes in entsprechender Weise vorbereitet sein würden — krönt er mit unzweifelhafter Gewandtheit seine eifrige Fürsprache für die gerichtliche Voruntersuchung und zwingt die Gegner des Institutes zu einem harten Kampfe.

Indes dieser Kampf muss aufgenommen und durchgefochten werden, selbst wenn Sonne und Wind bei demselben ungleich verteilt sein sollten.

Zunächst wollen wir zwar zugeben, dass die Schulung der Untersuchungsrichter im allgemeinen manches zu wünschen übrig lässt, und dass eine Vervollkommnung derselben zu einer Besserung der Ergebnisse der gerichtlichen Voruntersuchung zu führen vermöchte, aber es ist doch wohl entschieden zu weit gegangen, die Untersuchungsrichter sammt und sonders als übel unterrichtet hinzustellen, und die allgemeine Unzufriedenheit mit den Ergebnissen der gerichtlichen Voruntersuchung auf die unbefriedigende Tätigkeit derselben zurückzuführen.

In dem Zeitraum eines vollen Jahrhunderts, in welchem das Institut der Untersuchungsrichter auf dem europäischen Kontinente heimisch geworden ist, muss es doch wohl gelungen sein — und die frühere Wirksamkeit des Herrn Prof. Gross selbst liefert einen unzweifelhaften Nachweis für die Richtigkeit einer solchen Annahme — Untersuchungsrichter heranzubilden, welche eine ganz einwandsfreie, dem Gesetze und Rechte vollkommen entsprechende Tätigkeit entfaltet haben, es muss daher wohl die Erklärung für die ungünstigen Resultate der gerichtlichen Voruntersuchung zum weitaus grösseren Teile in dem Wesen des genannten Institutes selbst gesucht werden.

Diesfalls liegen auch mehrfache Darstellungen der der gerichtlichen Voruntersuchung anhaftenden Mängel und inneren Konstruktionsfehler vor,*) aber auf fast kein einziges dieser

*) S. das oben S. 30 u. 31 angeführte Verzeichnis mehrerer die Mängel der gerichtlichen Voruntersuchung erörternder Schriften.

zahlreichen Bedenken hat Herr Prof. Gross reflektieren zu müssen geglaubt, er hat sich vielmehr überall, wo dies seinerseits hätte geschehen sollen, mit einem Panegyrikus auf die Tätigkeit des Untersuchungsrichters begnügt.

So ruft er auch am Schlusse seiner Abhandlung — S. 27 — mit Emphase aus: „Der Untersuchungsrichter vertrete den Reichen und Armen, den Geschickten und Hilflosen, er sucht dem Rechte Geltung zu verschaffen, dem Unschuldigen zu helfen und den Schuldigen zur Strafe zu bringen."

Eine solche Behauptung ist aber doch wohl nicht imstande auch nur eines der zahlreichen Bedenken gegen das Institut der gerichtlichen Voruntersuchung zu widerlegen!

Es wird hierdurch nicht erklärlicher warum n e b e n dem Staatsanwalte u n d der Sicherheitsbehörde noch ein d r i t t e s Organ mit der Vrfolgung strafbarer Handlungen betraut werden soll, warum dieses Organ richterliche Qualität haben müsse und warum in Konsequenz dessen das Schwergewicht des Verfahrens in die blosse V o r b e r e i t u n g der Entscheidung gelegt zu werden habe!

Unerklärt bleibt es insbesondere, wie es möglich sein soll, in einer Person die Rolle des Verfolgers, des Verteidigers und des Richters zu vereinen!

Ungelöst bleibt endlich das Rätsel, warum in einer gewissen Anzahl von Fällen die gerichtliche Voruntersuchung obligatorisch sein müsse, warum sie in anderen Fällen von dem fakultativen Ermessen der Parteien abhängig sei, und warum sie endlich in der grössten Anzahl von Fällen vom Gesetz als unzulässige Verfahrensart erklärt wird usw. usw.

Eine eifrige Parteinahme für die Aufrechthaltung der gerichtlichen Voruntersuchung hätte an diesen und anderen Bedenken nicht achtlos vorübergehen, sondern wenigstens den Versuch einer Widerlegung derselben unternehmen sollen.

Ist dieses, wie im vorliegenden Falle, n i c h t geschehen, dann kann das Verlangen, dass die gerichtliche Voruntersuchung aufrecht erhalten werden solle, keineswegs als gerechtfertigt angesehen werden. —

XV.

Indes wir glauben annehmen zu dürfen, dass es Herrn Prof. Gross trotz seiner auffällig bekundeten Parteinahme für das Institut der gerichtlichen Voruntersuchung, doch nicht so sehr um die gerichtliche Voruntersuchung als solche, als vielmehr darum zu tun sei, dass gewisse Untersuchungshandlungen aufrecht erhalten bleiben, von denen er meint, dass sie ausserhalb der gerichtlichen Voruntersuchung nicht vorgenommen werden könnten!

In diesem Sinne verlangt er nicht nur, dass der Untersuchungsrichter verhafte, Briefe und Sendungen in Beschlag nehme, den Lokalaugenschein, Haussuchungen, Konstatierungen und Agnoszierungen in Vollzug setze (S. 11 der Abhandlung), sondern er verlangt weiter von demselben (S. 12 der Abhandlung), die Vornahme chemischer und physikalischer Untersuchungen, die Vornahme von Zusammenstellungen, Tabellenanlegungen, mikroskopischer Vergleiche, Zusammensetzung von Papierresten, Vergleichen von Fussspuren, daktyloskopische Untersuchungen, Aufnahme von Photographien, Handschriften-Entzifferungen usw., und an einer anderen Stelle der Abhandlung (S. 15) wird noch überdies dem Untersuchungsrichter die Anlegung graphischer Darstellungen und von sogenannten Bewegungstafeln usw. zur Pflicht gemacht!

Nun halten wir aber die Ansicht, dass die hier erwähnten Untersuchungshandlungen, insbesondere jene, die auf S. 12 und 15 der Abhandlung aufgezählt werden, nur vom Untersuchungsrichter vorgenommen werden dürfen, für eine irrtümliche. Verhaftungen, Haus- und Personsdurchsuchungen, Beschlagnahmen usw., werden, wie wir oben S. 32 gezeigt haben, bereits jetzt, und zwar ihrer weitaus überwiegenden Mehrzahl nach, in Deutschland vom Staatsanwalt und der Sicherheitsbehörde, in Österreich von letzterer unter Intervention des Staatsanwaltes vorgenommen und durchgeführt, es bliebe also nur die Frage übrig, ob die richterliche Prüfung und eventuelle Bestätigung solcher Zwangsmassregeln dem Untersuchungsrichter oder einem an der Untersuchung selbst nicht beteiligten, unbefangenen Gerichte überlassen bleiben soll.

Wir haben uns bereits mehrmals und insbesondere auch in unseren „Reformen" S. 118 ff. dafür ausgesprochen, dass der Untersuchungsrichter ebenso wenig zur Erlassung jener Zwangsmassregeln, als zu deren Bestätigung berufen werden sollte, wenn anders von einem wahrhaften richterlichen Schutze für die durch diese Zwangsmassregeln Betroffenen die Rede sein will — wir können unsere Behauptung hier nur wiederholen und uns auf die ausführliche Begründung berufen, mit der wir dieselbe zu rechtfertigen bemüht waren.

Was nun aber die anderweitigen Untersuchungshandlungen betrifft, die Herr Prof. Gross (auf S. 12 und 15 seiner Abhandlung) aufzählt, sei uns folgende Bemerkung gestattet.

Dass jene Untersuchungshandlungen nicht vom Untersuchungsrichter selbst, sondern von besonders zu berufenden Kunst- und Sachverständigen vorgenommen werden sollten, darauf haben wir bereits hingewiesen; wir glauben aber, dass auch zur Leitung einer solchen Beweisführung nur ein ausserhalb der Untersuchung stehender Richter zu berufen sei.

Bei dem persönlichen Verhältnisse, in welches die Sachverständigen zu dem den Untersuchungsakt leitenden Richter zu treten pflegen, ist es von grosser Wichtigkeit, dass, um eine selbst unwillkürliche Beeinflussung zu vermeiden, der Richter der Angelegenheit, in welcher eine derartige Untersuchungshandlung vorgenommen zu werden hat, mit voller Unbefangenheit gegenüberstehe und sich keinerlei feststehende Meinung über den möglichen Verlauf und Ausgang derselben gebildet habe.

Dies ist aber nur dann möglich, wenn eben der die Leitung der Amtshandlung überwachende Richter der Untersuchungsrichter nicht ist. Das Vertrauen in derlei Untersuchungshandlungen, denen Herr Prof. Gross offenbar eine grosse Bedeutung für die Wahrheitserforschung im Strafverfahren beimisst, kann nur gewinnen, wenn die volle Objektivität derselben ermöglicht wird und das Urteil über die für die Entscheidung der Strafsache wichtigen Momente weder durch einen Verfolgungs- noch durch einen Verteidigungseifer getrübt zu werden vermag.

Wir wollen das grosse Verdienst, welches sich Herr Prof. Gross um die Pflege und Vervollkommnung jener Untersuchungshandlungen, „ohne welche sich", wie er anführt, „eine modern geführte Untersuchung nicht mehr denken lässt," erworben hat, gerne und bereitwillig anerkennen, aber auf Folgendes glauben wir hinweisen zu sollen.

Zunächst warnen wir vor einer Überschätzung der Ergebnisse jener technischen Arbeiten und des Einflusses derselben auf die Entscheidung der Strafsachen.

Wir würden es für ein Wagnis ansehen, auf mikroskopische Untersuchungen, auf Zusammenstellung zerrissener und verbrannter Papierstückchen, auf daktyloskopische Proben usw. allein einen Schuld- oder Unschuldbeweis konstruieren zu wollen; derlei Ergebnisse sollten immer nur als unterstützende Tatsachen in Betracht und in Erwägung kommen. Das Vertrauen, welches man für derartige Resultate mechanischer Tätigkeit in Anspruch nimmt, darf kein allzuweit gehendes sein; die lebensvolle Überzeugung, auf welche sich in Strafsachen der Richterspruch zu stützen hat, verlangt zu ihrer Begründung mehr, als einen blossen Hinweis auf die Ergebnisse der mehrerwähnten Vergleiche, Zusammenstellungen, Tabellen, Versuche usw.

Vorgekommene schwere Irrtümer auf dem Gebiete des Kunst- und Sachverständigenbeweises berechtigen, ja verpflichten dazu, einen kritischen Standpunkt bei der Beurteilung der Ergebnisse jener Arbeiten einzunehmen.*) Diesem kritischen Standpunkte müssen gerade die überzeugten Anhänger der modernen Untersuchungsarten Rechnung tragen, wenn sie das Vertrauen zu demselben heben und stärken wollen.

---

*) So hat, um nur ein Beispiel anzuführen, der Kunstverständigenbeweis im Schreibfache vielfach an Vertrauen eingebüsst; Berufsrichter, wie Geschworene wollen die Befunde und Gutachten der Sachverständigen in diesem Fache nicht mehr als beweiswirkend gelten lassen; man misstraut den apodiktischen Aussprüchen, weil sich dieselben mehrfach als unrichtig erwiesen haben — nur eine vorsichtige Handhabung des Sachverständigenbeweises im allgemeinen kann das Vertrauen in die Richtigkeit der mannigfachen Ergebnisse jener Beweisaufnahmen erhalten.

Dieser Grund ist es aber auch, der es vom Standpunkte der Opportunität durchaus nicht rätlich erscheinen lässt, den Untersuchungsrichter zur Vornahme aller dieser Amtshandlungen heranzuziehen, wie dies in der Intention des Herrn Prof. Gross zu liegen scheint.

Wenn Herr Prof. Gross dem Untersuchungsrichter rät, sich mit mechanischen Untersuchungen nach Möglichkeit bekannt zu machen, so ist er in seinem Rechte; aber es ist dem Untersuchungsrichter selbst bei dem grössten Fleisse und der grössten Begabung unmöglich, in allen diesen so vielfältigen und grundverschiedenen Operationen jene Fertigkeit zu erlangen, welche die Berufung besonderer Kunstverständiger jederzeit und in allen Untersuchungssachen überflüssig machen könnte.

Man kann von Richtern wohl kaum verlangen, dass sie neben den Kenntnissen des Rechtes noch alle jene Arbeiten prästieren sollen, welche die mannigfache Gestaltung der Untersuchungssachen in einzelnen Fällen in Anspruch nimmt.

Hier müssen besondere Kunstverständige eintreten, deren Berufung durchaus nicht durch eine Tätigkeit des Untersuchungsrichters in der betreffenden Strafsache bedingt erscheint.

Wird sich Herr Prof. Gross der Erkenntnis dieser Tatsache nicht verschliessen wollen, wird er bereit sein zuzugeben, dass es auch mit der Würde und Autorität des Richters nicht wohl vereinbar sei, alle jene mechanischen Arbeiten vorzunehmen, die hier nur zum Teile aufgezählt werden konnten; dann sollte man wohl erwarten können, dass er seine Behauptung von der Unerlässlichkeit der gerichtlichen Voruntersuchung in den mehrerwähnten Fällen zum mindesten in einzelnen Punkten zu modifizieren geneigt sein werde.

Aber noch aus einem anderen Grunde möchten wir der Hoffnung nicht entsagen, Herrn Prof. Gross zu einer günstigen Beurteilung des Vorschlages auf Beseitigung der gerichtlichen Voruntersuchung bestimmen zu können. Dem aufmerksamen Leser seiner Abhandlung kann es nicht entgangen sein, dass er von der gerichtlichen Voruntersuchung nur in der sog. grösseren, wichtigeren, schwierigeren und verwickelten Fällen nicht lassen zu können erklärt, für die Beibehaltung der Voruntersuchung in den übrigen Fällen nicht eintritt, ihrer sogar dort mit keinem Worte erwähnt. So tadelt er zunächst — S. 4 der Abh. — dass die Gegner der heutigen Voruntersuchung nicht feststellen, wie jedes Prozessorgan in einem einfachen, und wie es in einem komplizierten Falle vorzugehen habe.

Auf S. 9 wirft er zunächst die Frage auf, wie man sich denn eine Hauptverhandlung ohne Voruntersuchung „in einem halbwegs komplizierten Falle" vorstellen solle und erklärt es im Anschlusse daran, als eine grenzenlose Gewissenlosigkeit, eine „schwierige" Verhandlung zu leiten, ohne auf das sorgfältigste davon unterrichtet zu sein, was vorkommt und vorkommen kann.

Auf S. 11 erklärt er:

„Wie man sich eine wirkliche Rechtssicherheit gewährende Hauptverhandlung über einen ‚**grossen**' Fall ohne die sichere Basis einer guten Voruntersuchung denken soll, ist mir unerfindlich."

Auf S. 12 lesen wir:

„Also wenden wir uns abermals dem wirklichen Vorgange zu und denken wir uns, es handle sich um irgend ein schweres Verbrechen . . ."

Auf S. 14 wird von den Beweiserhebungen gesprochen, die der Staatsanwalt vornehmen könne. Es stelle sich da oft die Notwendigkeit heraus, wegen einzelner Amtshandlungen den Untersuchungsrichter „heranzuziehen" — das biete Schwierigkeiten, werde aber zur „platten Unmöglichkeit", wenn sich der Staatsanwalt wegen der „Wichtigkeit" des Falles an Ort und Stelle des verübten Verbrechens begeben hat.

In schwierigen Fällen werde — so erklärt Herr Prof. Gross weiter — die Sache noch konfuser. Es gehe allenfalls an, dass der Staatsanwalt verlangt, der Untersuchungsrichter möge eine Obduktion veranlassen, oder selbst eine Haussuchung vornehmen, um ganz bestimmt bezeichnete Gegenstände zu finden. Das könne der Untersuchungsrichter machen . . . Aber in gewissen Fällen — Herr Prof. Gross meint hier wieder die schwierigen, verwickelten Fälle — sei die erlangte Arbeit einfach nicht zu machen, wenn man den Akt nicht genau kennt. Endlich heisst es auf S. 16 wörtlich:

„Hat der tüchtige Untersuchungsrichter eine ‚**schwere**‘ Untersuchung, sagen wir einen **grossen** Betrugsprozess zu führen, so wird er sein äusserstes daran setzen, wird keine Mühe und Arbeit scheuen und wird s e i n e Untersuchung so gut führen, als es in seinen Kräften liegt —“

Fasst man das Gesagte zusammen, so gewinnt man die Anschauung, dass Herr Prof. Gross die gerichtliche Voruntersuchung doch nur in „schwierigen“ und „verwickelten“ Fällen für unerlässlich hält, bezüglich der übrigen „gewöhnlichen“ Fälle, welche die grosse Mehrzahl ausmachen aber wenigstens stillschweigend zugibt, dass dieselben auch ohne Intervention des Untersuchungsrichters durchgeführt zu werden vermögen.

Herr Prof. Gross steht, wie wir zugeben wollen, mit einer solchen Auffassung nicht allein.

Die heutige Praxis in Deutschland wie in Österreich teilt diesen Standpunkt.

Bei grösseren und weitwendigen Untersuchungen sehen wir den Untersuchungsrichter fast ausnahmslos noch in Wirksamkeit, während man sich sonst, so weit es nur immer angeht, mit den durch die Staatsanwaltschaft und durch die Sicherheitsbehörde gepflogenen „Erhebungen“ begnügt und bestrebt ist, den Untersuchungsrichter gar nicht in Aktion treten zu lassen.

Wir können uns darum auch nicht verhehlen, dass ein Vorschlag des Inhaltes:

„das Gericht könne bei voraussichtlich schwieriger und umfassender Beweisführung die Einleitung einer gerichtlichen Voruntersuchung anordnen“ Aussicht auf gesetzliche Verwirklichung haben dürfte.

In unserer kompromissüchtigen Zeit würde ein derartiger Vorschlag vielleicht auch von einzelnen Gegnern des Institutes der gerichtlichen Voruntersuchung willkommen geheissen werden, weil sie in demselben eine Etappe auf dem Wege zur vollständigen Beseitigung des genannten Institutes zu erkennen geneigt sein könnten.

Wir vermöchten indes einen solchen Vermittlungsantrag nicht zu akzeptieren.

Zunächst liegt demselben kein festes Prinzip, sondern nur eine Bequemlichkeitsrücksicht zugrunde.

Da der Untersuchungsrichter eben noch immer fungiert, so weist man ihm mit Vorliebe die sog. schweren Fälle zu, wobei die Vorstellung von einer höheren Würde und Autorität des Richters, von seiner grösseren Eignung zur bedächtigen Sammlung und Sichtung der Beweise das ihrige tut, um die erwähnte Tendenz wirksam zu unterstützen.

Andererseits sollen durch die Zuweisung der Untersuchung schwierigerer Fälle an den Untersuchungsrichter die Beamten der Staatsanwaltschaft und der Sicherheitsbehörde bezüglich ihrer Untersuchungstätigkeit entlastet werden, was um so natürlicher erscheint, als sie eben in ihrer jetzigen unzureichenden Organisation eine Tätigkeit zu entfalten haben, an welche man früher nicht gedacht hat, und zu deren Inanspruchnahme erst das nicht abzuweisende Bedürfnis der Strafrechtspflege den Anlass gab. Endlich wird wohl auch vorausgesetzt, dass in den sog. grösseren Untersuchungsfällen sich die Notwendigkeit der Vornahme richterlicher Amtshandlungen des öfteren ergibt, dass es daher vom Vorteile sein könne, wenn diese richterlichen Amtshandlungen von dem die Untersuchung leitenden Organe selbst, und nicht von einem erst darum anzugehenden an der Untersuchung nicht beteiligten Richter vorgenommen werden.

Indes alle diese Gründe vermöchten den Vorschlag, dass für die sog. schwierigen und verwickelten Untersuchungsfälle die gerichtliche Untersuchung beibehalten werden sollte, nicht zu rechtfertigen.

Eine Vermehrung des Personals der Staatsanwaltschaft und der Sicherheitsbeörde, welche überdies durchaus nicht bedeutend sein müsste, würde die bereits jetzt verminderte Tätigkeit des Untersuchungsrichters zur Gänze entbehrlich machen und eine angemessene Organisation der Staatsanwaltschaft, wie der Sicherheitsbehörden könnte das Ansehen und die Autorität derselben wesentlich erhöhen.

Richterliche Amtshandlungen sollen, wie wir bereits ausgeführt haben, nicht von einem mit der Untersuchung des

Falles betrauten Organe, sondern stets von einem unbefangenen Richter vorgenommen werden, weil nur dieser für die unerlässliche Objektivität einer solchen Amtshandlung eine gewisse Garantie zu bieten vermag.

Man besorgt mit Unrecht, dass eine durch Intervention eines Richters, der nicht Untersuchungsrichter ist, vorgenommene Untersuchung sich langwierig und umständlich gestalten müsse; für eine solche Annahme kann kein stichhaltiger Grund angeführt werden — die Notwendigkeit, richterliche Amtshandlungen vornehmen zu lassen, tritt überdies weit seltener ein, als man gemeinhin anzunehmen pflegt, und es ist auch durch nichts bewiesen, dass sie gerade in den sog. grösseren Fällen unverhältnismässig häufiger sich geltend machen sollte, als in den sog. gewöhnlichen Strafsachen.

Kann man in diesen letzteren Fällen die Sammlung der Beweise dem Staatsanwalt unbedenklich überlassen, wie dies jetzt fast ausnahmslos geschieht, so ist nicht abzusehen, warum dies nicht auch bezüglich der sog. grösseren Fälle geschehen könnte.

Stehen dem Staatsanwalte die Mittel zur Verfügung, die Vorbereitung eines „gewöhnlichen" Falles in geeigneter Weise herbeizuführen, so können sie ihm auch nicht in grösseren Fällen mangeln.

Sobald einmal der Versuch, das staatsanwaltschaftliche Vorverfahren auf die sog. grösseren Fälle auszudehnen, gemacht sein wird, dürfte die Überzeugung von der Möglichkeit solcher Untersuchungen rasch Wurzel fassen und jedes diesfällige Bedenken beseitigen.

Ja, wir sind sogar der Ansicht, dass gerade in schwierigereren und umfassenderen Untersuchungen sich das System der gerichtlichen Voruntersuchung nicht bewährt habe und dass, wie wir zu zeigen noch versuchen wollen, gerade hier die staatsanwaltschaftliche Untersuchungstätigkeit von grossem Nutzen sein könne.

XVI.

Wir gelangen nunmehr dazu, dem heute geltenden Strafverfahren jenes gegenüberzustellen, das sich nach Aufhebung der gerichtlichen Voruntersuchung entwickeln dürfte.

Hier berufen wir uns vor allem auf die in unseren „Reformen des Vorverfahrens" (S. 130—152) enthaltene, umfassende Darstellung, die wir nur in einigen wenigen Punkten zu ergänzen haben werden.

Unvermeidlich ist die Einleitung des Strafverfahrens durch die Polizei- und Sicherheitsbehörde; letztere ist, nach Verübung der Tat, zunächst zur Stelle und besitzt zur Stunde die ausreichendsten Mittel, um die strafbare Handlung zu ermitteln und die Entdeckung des Täters herbeizuführen.

Diese ihre vorzügliche Eignung zu einer umfassenden Untersuchungstätigkeit hat auch zur Folge, dass ihre Wirksamkeit schon heute sich vielfach nicht auf den sog. „ersten Angriff" beschränkt, sondern, wie wir in unseren Reformen a. a. O. dargetan haben, unter allerhand Fiktionen, die ganze Phase der Vorbereitung zu umfassen pflegt.

Der Vorgang ist begreiflich, wenn man die Machtmittel, die der Sicherheitsbehörde, besonders in den grösseren Städten, zur Verfügung stehen, beispielsweise mit jenen des Untersuchungsrichters von heute vergleicht.

Nun gibt es aber für diese Tätigkeit der Sicherheitsbehörde, so weit es sich nicht um e i n z e l n e Zwangsmassregeln, wie die Verhängung der Haft, der Beschlagnahme, der Haus- und Personendurchsuchung usw. handelt, k e i n e g e s e t z l i c h e N o r m; das deutsche, wie das österreichische Prozessgesetz beschränkt sich übereinstimmend auf die ganz allgemeine Bestimmung, dass die Sicherheitsbehörden den strafbaren Handlungen „nachzuforschen" habe.

Dieser Mangel wird vor allem zu beseitigen sein, denn er führt, wie wir glauben, zu den grössten, nicht länger zu ertragenden Übelständen.

Da die Sicherheitsbehörde tätig werden muss, und andererseits gesetzliche Bestimmungen über die Art, wie sie die

Untersuchung zu führen hätte, fehlen, so geht sie eben bei dieser ihrer Tätigkeit vielfach nach eigenem Ermessen vor, was naturgemäss zu bedeutenden Unzukömmlichkeiten und insbesondere zu einer grossen Ungleichheit bezüglich des Vorgehens dieser Untersuchungsorgane Anlass geben muss. Manche Sicherheitsbehörden geben als Norm für ihr Vorgehen die überkommene Übung und Gewohnheit an, andere beachten die gesetzlichen Bestimmungen, so weit sie im Strafprozessgesetze für das Vorgehen der richterlichen Behörden enthalten sind, und suchen sie sinngemäss auf die eigene Untersuchungstätigkeit anzuwenden, während wieder andere alles tun zu dürfen vermeinen, was den Zweck und das Endziel ihres Vorgehens zu fördern vermöchte.

So herrschen in diesem Punkte geradezu chaotische, die Rechtssicherheit gefährdende Verhältnisse, deren Beseitigung erst dann und nur dann möglich erscheint, wenn man erkannt haben wird, dass mit dem ersten Einschreiten der Sicherheitsbehörde auch schon das Strafverfahren beginnt, und dass dessen Regelung nur dem Strafprozessgesetze zufällt: Neue gesetzliche Bestimmungen über die Rechte und Pflichten der Sicherheitsbehörde bei der ihnen obliegenden Tätigkeit im Strafverfahren wären somit das erste Postulat das bei der Aufhebung der gerichtlichen Voruntersuchung zu erfüllen wäre.

Neben der Sicherheitsbehörde, die organisch der Staatsanwaltschaft zu unterstellen ist,*) hat diese letztere sich

---

*) In der Frage, wie diese Unterstellung zu geschehen hätte, sucht man Schwierigkeiten, die u. E. nicht vorhanden sind; wir glauben, dass die Staatsanwaltschaft unterster Ordnung schon nach den bestehenden gesetzlichen Bestimmungen in Deutschland durch den Amtsanwalt, in Österreich durch den sog. staatsanwaltschaftlichen Funktionär vertreten ist. Wohl schränkt § 143 Absatz 2 des deutschen Gerichtsverfassungsgesetzes die Tätigkeit des Amtsanwaltes und § 87 der Vollzugsvorschrift zur österr. St.P.O. jene des staatsanwaltschaftlichen Funktionärs auf die Strafsachen ein, die zur Zuständigkeit der Amts- und Bezirksgerichte gehören, aber es ist durchaus nicht abzusehen, warum jene Beschränkungen nicht aufgehoben werden könnten, warum die Amtsanwälte und die Vertreter des Staatsanwaltes bei den Bezirksgerichten in Österreich, nicht zur Vorbereitung der Klage in denjenigen Strafsachen zugelassen werden sollten, welche zur Zuständigkeit der höheren Gerichte gehören.

Bezüglich Deutschlands hat man uns glaubhaft versichert, dass dies in einzelnen Staaten, wie beispielsweise im Königreich Sachsen, bereits mit an der Untersuchung zu beteiligen. Wir verweisen auch hier auf unsere in den „Reformen" geschehenen Auseinandersetzungen, denen wir in gedrängter Kürze nur folgendes hinzuzufügen haben.

Dem Staatsanwalt ist das Recht zur Vernehmung der Auskunftspersonen und des Beschuldigten einzuräumen, so wie das Recht richterlicher Beweisaufnahmen zu veranlassen, deren Gesetzlichkeit — nicht aber deren Notwendigkeit und Zweckmässigkeit — das Gericht zu prüfen berufen wäre.

Zuzugeben ist, dass dieses Vernehmungsrecht der Auskunftspersonen und des Beschuldigten seitens des Staatsanwaltes, einer gewissen Scheu begegnet, mit der die Sicherheitsbehörde nicht zu kämpfen hat; hier wirkt eben noch die aus dem französischen Rechte überkommene Vorstellung nach, dass ein Prozessorgan nicht zugleich verfolgen und untersuchen dürfe.

Aber diese Vorstellung ist, worauf wir gleichfalls bereits hingewiesen haben, falsch und die Verwirklichung dieses irrtümlichen Grundsatzes mittels der gerichtlichen Voruntersuchung, führt zu den grössten Inkonveniezen.

Auf Grund desjenigen, was der Untersuchungsrichter unter Beimengung der eigenen subjektiven Anschauung niederschreiben lässt, erhebt der Staatsanwalt die Anklage oder er lässt auch nach Gutdünken von der Verfolgung ab — indem er entweder — wie in Österreich, selbst darüber entscheidet oder — wie in Deutschland die fast ausnahmslos massgebenden diesfälligen Anträge stellt. — Ohne die Zeugen und den Beschuldigten gesehen oder gehört zu haben, klagt

---

grossem praktischen Erfolge geschehe; bezüglich Österreichs würden wir es als ein wahres Glück erklären, wenn die unglückselige Prozessfigur des sog. staatsanwaltschaftlichen Funktionärs, einem wahrhaften, ernsten Vertreter der Staatsanwaltschaft Platz machen würde. Letzterer könnte mit Leichtigkeit die Rolle des öffentlichen Anklägers vor dem Bezirksgerichte mit der Rolle des Vertreters des Staatsanwalts im Stadium der „Vorerhebungen" bei der Verfolgung von Verbrechen und Vergehen vereinigen.

Die leichte Durchführbarkeit einer solchen Reform ohne jeden bedeutenden Mehraufwand steht ausser Frage, wobei überdies speziell für Österreich die Beseitigung einer ganz unhaltbar gewordenen Institution als weiterer Gewinn zu bezeichnen wäre.

er öfters, wo der Untersuchungsrichter einstellen, und stellt die Verfolgung ein, wo der Untersuchungsrichter unbedenklich klagen würde. Kann ein solcher Vorgang als ein zweckmässiger und ein richtiger bezeichnet werden? Wir bezweifeln es und dürfen darauf verweisen, dass selbst in den Reihen überzeugter Anhänger der gerichtlichen Voruntersuchung bereits einzelne — wie beispielsweise Kulemann — hervortreten, die verlangen, dass der Untersuchungsrichter, weil er mit der Strafsache vertraut ist, die Anklage erheben und bei der Hauptverhandlung vertreten solle.

Kann auch diesem Vorschlage wegen der richterlichen Stellung des untersuchenden Organes nicht zugestimmt werden, so zeigt doch die Tatsache, dass er vorgebracht wurde, mit Deutlichkeit, dass das Prinzip, es habe der Ankläger das Prozessmaterial für die Entscheidung vorzubereiten, immer mehr Anhänger gewinnt.

Es bietet auch die Vernehmung der Zeugen, der Sachverständigen, der Beschuldigten usw. durch den Staatsanwalt in der Praxis weit weniger Schwierigkeiten, als man vielleicht anzunehmen geneigt ist.

Da wo die Erkenntnis, dass vor allem der Staatswalt die Untersuchung zu führen habe, der Erlassung der gesetzlichen Bestimmungen hierüber, vorausgeeilt ist, hat man sich auch bereits mit der Untersuchungstätigkeit des Staatsanwaltes vollkommen befreundet.*)

Der Staatsanwalt vernimmt selbst die Zeugen und verzeichnet das Gehörte zur eigenen Information in formloser Weise; will er die i h m gemachten Angaben für die Überweisung benützen, so veranlasst er die Feststellung des Gesagten durch richterliche Beweisaufnahme, was sich in ganz einfacher Form abspielt und in der Regel zu keinerlei Weitläufigkeiten und Umständlichkeiten Anlass gibt.

Die Untersuchungstätigkeit des Staatsanwaltes, die übrigens schon seit vielen Jahrhunderten sich in Schottland in voller, durchwegs anerkannter Wirksamkeit befindet, ver-

*) Wie beispielsweise im Königreich Sachsen; wir berufen uns auch hier auf die freundlichen Mitteilungen kompetenter sächsischer Praktiker, deren wir bereits in unseren „Reformen" S. 127 ff. erwähnt haben.

mag aber auch einen zweckmässigen Verlauf der Hauptverhandlung zu fördern, ein Umstand, der bisher noch keine genügende Beachtung und Würdigung gefunden zu haben scheint.

Wir erblicken diese Förderung zunächst in folgendem. Nicht selten entwickeln sich ärgerliche und den Verlauf der Verhandlung vielfach störende und beeinträchtigende Szenen dadurch, dass sowohl Beschuldigte als Zeugen ihre im Vorverfahren abgegebenen Aussagen in der Hauptsache entweder ganz widerrufen oder doch wesentlich modifizieren.

Sie tun dies zumeist aus unlauteren Motiven; der Zeuge wurde vielleicht vor der Hauptverhandlung bearbeitet und für oder auch gegen den Beschuldigten gewonnen; der Beschuldigte hat etwa in der Untersuchungshaft von „Erfahrenen" die Belehrung angenommen, dass es für ihn besser wäre, zu leugnen usw. Dass es zu derartigen Änderungen bereits abgegebener Aussagen des öfteren kömmt, daran trägt in vielen Fällen unzweifelhaft der Umstand Schuld, dass der Funktionär, welcher die Aussagen im Vorverfahren entgegengenommen hat, bei der Hauptverhandlung selbst nicht anwesend ist; seine Abwesenheit ermutigt den Beschuldigten oder Zeugen mit einer zumeist lügenhaften Angabe hervorzutreten, während der im Beisein dieses Funktionärs dieses Wagnis wohl nicht unternommen haben würde.

Von diesem Standpunkte aus würde auch die Anwesenheit des die Untersuchung führenden Staatsanwaltes bei der Hauptverhandlung von Nutzen sein, während das jetzige System, welches den Untersuchungsrichter von der Teilnahme an der Hauptverhandlung ausschliesst, einen ähnlichen Vorteil nicht zu bieten vermag.

Noch wichtiger scheint uns aber ein zweiter Vorzug zu sein, den eine intensive direkte Teilnahme des Staatsanwaltes an der Untersuchung dem Hauptverfahren zu sichern vermag.

Wir meinen, dass der in der Hauptverhandlung intervenierende Staatsanwalt vor allen übrigen Funktionären der Hauptverhandlung in der Strafsache, um die es geht, genügend informiert sein müsse, was am sichersten dadurch erreicht wird, wenn er die vorbereitende Untersuchung selbst durchführt. Fehlt es an einer solchen genügenden Kenntnis der Sachlage seitens des Staatsanwaltes, so kann die Übersicht über das Geschehene leicht verloren gehen oder doch wesentlich beeinträchtigt werden,*) und es kann hierin der Grund liegen, dass die Hauptverhandlung selbst zu keinem

*) Nach den uns von vielen Seiten zugegangenen Berichten über den im Monat Juli d. J. (1903) in Berlin abgeführten sog. Pommernbank-Prozess möchten wir annehmen, dass durch den sensationellen Ausgang desselben (Vertagung der Hauptverhandlung nach fast dreimonatlicher Dauer derselben und nach mehr als zweijähriger Untersuchung) manche unserer bereits früher ausgesprochenen Behauptungen ihre Bestätigung gefunden haben.

So zunächst jene, dass gerade in schwierigen, umfangreichen Fällen es notwendig erscheint, dass der Staatsanwalt die Anklage selbst vorzubereiten habe, um die Strafsache genügend kennen zu lernen.

Ist die Strafsache einfacher Natur, so ist es denkbar, dass im Laufe der Hauptverhandlung durch die Ergebnisse derselben der Staatsanwalt über die Angelegenheit vollkommen informiert werde; bei verwickelten Sachen reicht diese Information nicht aus.

Wenn daher die Praxis auf dem entgegengesetzten Standpunkt steht und in schwierigen, umfangreichen Prozessen die Sammlung des Materials dem Untersuchungsrichter überträgt, so fehlt sie, wie dies im Pommernbankprozesse unzweifelhaft hervorgetreten ist, in welchem, wie mehrfach behauptet wurde, die mangelnde Information des Staatsanwaltes den Anlass zur unerwünschten Vertagung der Endentscheidung entweder selbst gegeben oder doch zu derselben beigetragen hat.

Die fast wörtlich gleichlautende Bestimmung der deutschen und österr. Strafprozessordnungen, nach welcher „die Staatsanwaltschaft . . . stets von dem Stande der Voruntersuchung durch Einsicht der Akten Kenntnis nehmen und die ihr geeignet scheinenden Anträge stellen kann", reicht umsoweniger dazu hin, um die Information des Staatsanwaltes sicher zu stellen, als in Deutschland, wie in Österreich von der betreffenden Norm (§ 194 der deutschen und § 34 der österr. St.P.O.) nur selten Gebrauch gemacht wird.

Durch unsere Forderung, dass der Staatsanwalt die Untersuchungssache genau zu kennen habe, glauben wir uns mit dem, was wir oben betreffs der Leitung der Verhandlung durch den „vollinformierten" Vorsitzenden sagten, nicht in Widerspruch gesetzt zu haben. Wir bekämpfen nicht die Vertrautheit des Vorsitzenden mit den in den Akten niedergelegten Ergebnissen des Vorverfahrens, sondern die von Herrn Prof. Gross entwickelte Methode, nach welcher der Vorsitzende seine Kenntnisse verwerten solle, um der Verhandlung eine bestimmte Direktive zu geben, dass man beispielsweise den Zeugen „entsprechend" frage, ihm entsprechend helfe, korrigiere usw. Der bedeutende Unterschied liegt auch in der Stellung des Staatsanwaltes zu jener des Vorsitzenden. Ersterem ist nicht die Leitung der Verhandlung anvertraut, auch nimmt er weder an der Beratung noch an der Fällung des Erkenntnisses teil, während dem Vorsitzenden in allen diesen Phasen ein sehr massgebender Einfluss gesichert erscheint.

befriedigenden Abschlusse zu kommen vermag. Aus diesem Grunde vermögen wir es auch nicht gutzuheissen, dass man in schwierigen, umfangreichen Prozessen mit einer gewissen Konsequenz den Untersuchungsrichter zur Führung der Untersuchung beruft und nach Abschluss derselben gerade ihn aus dem Verfahren ausscheiden lässt. So werden die Kenntnisse, die sich derselbe bezüglich des Straffalles erworben hat, nicht weiter benützt und die Strafsache wird hierdurch oft in ein unvorhergesehenes falsches Fahrwasser gelenkt, was durch die Anwesenheit des wohlinformierten Staatsanwaltes bei der Hauptverhandlung leicht vermieden werden kann.

Wie die Vernehmung der Zeugen und der Beschuldigten, die Veranlassung des Augenscheines, des Sachverständigenbefundes, so legen wir auch unbedenklich die Verhaftung, Haus- und Personsdurchsuchung, die Beschlagnahme und die übrigen Zwangsmassregeln in die Hand des Staatsanwaltes, aber all dies unter gewissen, bereits wiederholt erörterten Beschränkungen.*) Der Staatsanwalt hat die von ihm oder von der Sicherheitsbehörde vollzogene Verhaftung binnen 48 Stunden dem Gerichte zur Kenntnis zu bringen, welches den Beschuldigten vorzuladen und darüber zu belehren hat, dass über seinen Einspruch gegen die vorgenommene Verhaftung eine mündliche Verhandlung binnen weiterer 48 Stunden darüber stattzufinden habe, ob die vollzogene Verhaftung als gerechtfertigt anzusehen oder ob dieselbe aufzuheben sei.

Ein Gesuch um Haftentlassung kann jederzeit eingebracht werden und hat die Wirkung des gegen den Haftvollzug angemeldeten Einspruches. Wie gegen den Haftvollzug von dem Verhafteten, kann auch gegen die Haus- und Personsdurchsuchung, gegen die Beschlagnahme usw. von jedem durch die Zwangsmassregel Betroffenen der Einspruch bei Gericht erhoben werden, der eine mündliche, und nach Zulass der Verhältnisse öffentliche Verhandlung darüber zur Folge hat, ob die betreffende Zwangsmassregel als gerechtfertigt anzusehen sei.

---

*) Zucker, Die Reformbedürftigkeit der Untersuchungshaft, S. 156 ff.; Desselben, Reformbedürftigkeit der Voruntersuchung in G.S. Bd. 47, S. 460 Desselben, Reformen des Vorverfahrens, S. 137 ff.

Wird die Zwangsmassregel, gegen welche der Einspruch überreicht wurde, nicht als gerechtfertigt anerkannt, so kann das Gericht den durch dieselbe Betroffenen eine angemessene Entschädigung zuerkennen, die aus dem Staatsschatze zu leisten ist.

Wir halten die voranstehend angeführten Bestimmungen für unerlässlich, wenn an einen ernsten Schutz der Staatsbürger betreffs der ihnen staatsgrundsätzlich gewährleisteten Rechte gedacht werden will. Was jetzt als Schutzmassregel für den Beschuldigten, besonders betreffs seiner persönlichen Freiheit ausgegeben wird, kann unmöglich als genügend angesehen werden.

Erlässt der Untersuchungsrichter im eigenen Wirkungskreise den Haftbefehl, so kann doch von einem richterlichen Schutze, wie wir in unserer Abhandlung über die Reformbedürftigkeit der Untersuchungshaft S. 165 ff. dargetan zu haben glauben, keine Rede sein.

Der Untersuchungsrichter wird doch nicht Bedenken tragen, eine Massregel zu beschliessen und in Vollzug zu setzen, die er in seiner Eigenschaft als Verfolgungsorgan für notwendig und selbst auch nur für zweckmässig anerkennt.

Und doch ist dieser Vorgang noch der dem Beschuldigten günstigere.

In der Regel ist es in der heutigen Prozesspraxis nicht der Untersuchungsrichter, der die Verhaftung beschliesst, sondern die Sicherheitsbehörde, welche zugleich mit den von ihr ausgefertigten Erhebungsakten die Person des Beschuldigten an den Untersuchungsrichter abliefert. Nun hat dieser Untersuchungsrichter die bereits seitens der Sicherheitsbehörde eingeleitete Untersuchungsaktion fortzusetzen, wie kann ernstlich von ihm erwartet werden, dass er die von der Sicherheitsbehörde vollzogene Sicherheitsmassregel aufheben werde (wobei er überdies noch voraussichtlich auf den Widerstand der Staatsanwaltschaft stossen kann).

Schon die Besorgnis, dass man ihn dann für die etwaige Flucht des Beschuldigten verantwortlich machen könnte, hält den Untersuchungsrichter von jeder eingehenden Prüfung der Notwendigkeit der bereits verhängten Haft zurück und so wird in allen diesen Fällen die von der Sicherheitsbehörde verhängte Haft fast ausnahmslos aufrecht erhalten.*)

Ebenso wirkungslos ist für den einmal Verhafteten der Regel nach die vom Gesetze normierte Einholung der Entscheidung des Gerichtes (in Österreich der Ratskammer) gegen den auf Verhängung der Untersuchungshaft lautenden Beschluss des Untersuchungsrichters.

Die Entscheidung ergeht über den Bericht des Untersuchungsrichters, welcher die Verhängung der Untersuchungshaft für geboten erachtete, nach Anhörung des Staatsanwaltes, während der Beschuldigte von dem über den Haftvollzug erkennenden Gericht weder gesehen noch gehört wird.

Er ist nur befugt, entweder selbst oder durch seinen Verteidiger eine schriftliche Beschwerde-Ausführung vorzulegen, aus deren Inhalte der Untersuchungsrichter dem Gerichte das mitteilt, was er eben für gut findet.

Man verlangt heute Mündlichkeit und Unmittelbarkeit bei der Verhandlung über die geringfügigsten Übertretungen, auf deren Verübung nur die Verhängung einer minimalen Geldstrafe angedroht erscheint; bei Entscheidungen, durch welche die Freiheit, die Ehre, das Vermögen und die Gesundheit berührt werden, setzt man sich über die erwähnten Prozesserfordernisse mit Gleichmut hinweg, was dann auch zur natürlichen Folge hat, dass Beschwerden gegen die durch den Untersuchungsrichter verfügten Bestätigungen der Haft oder gegen den von ihm selbst angeordneten Haftvollzug fast ausnahmslos verworfen werden.

Durch diese Praxis werden geradezu unerträgliche Zustände geschaffen und man muss nur staunen, dass die Unzufriedenheit mit dem geltenden Strafverfahren sich nicht in noch lebhafterer Weise äussert, als dies bisher geschieht.

Die Aufrechthaltung der gerichtlichen Voruntersuchung würde nur dazu dienen können, die vorhandenen misslichen

*) Es sind uns aus authentischen Mitteilungen Fälle bekannt geworden, in welchen die Sicherheitsbehörde den vom Untersuchungsrichter ausnahmsweise in Freiheit gesetzten Beschuldigten einfach wieder in Haft nahm und dem Untersuchungsrichter abermals wieder vorführte, der nunmehr der verhaftenden Sicherheitsbehörde „nachgab“ und unter Einleitung der gerichtlichen Voruntersuchung die ordentliche Untersuchungshaft gegen den Beschuldigten verfügte!

Zustände betreffs der Gefährdung der persönlichen Freiheit durch das Strafverfahren, in Permanenz zu erhalten — es muss also auch von diesem Standpunkte aus das Verlangen nach Aufhebung der gerichtlichen Voruntersuchung mit aller Entschiedenheit gestellt werden.

XVII.

Wir könnten nunmehr unsere polemischen Auseinandersetzungen mit Herrn Prof. Gross schliessen, wenn wir nicht Grund hätten, uns der Besorgnis hinzugeben, dass man gerade aus unserer Darstellung des gegenwärtigen Standes des Strafverfahrens Schlüsse g e g e n den Vorschlag auf Aufhebung der gerichtlichen Voruntersuchung zu ziehen geneigt sein dürfte.

Wir haben in unseren „Reformen" (S. 124—130) den Nachweis geführt, dass die Zahl der gerichtlichen Voruntersuchungen in Deutschland und zum Teile auch in Österreich in einem auffallenden Rückgange begriffen ist, und glaubten daraus folgern zu dürfen, dass vom Standpunkt des Bedürfnisses man die Aufrechthaltung der gerichtlichen Voruntersuchung nicht befürworten könne, da die Praxis unablässig bemüht ist, selbst unter Umgehung des Gesetzes die Einleitung und Durchführung der gerichtlichen Voruntersuchung zu vermeiden.

Einzelne Gegner unseres Reformvorschlages sind aber anderer Anschauung.

Sie halten es gerade unter Hinweis auf den sichtbaren Rückgang der Zahl der gerichtlichen Voruntersuchungen nicht der Mühe wert, die beantragte Reform in Angriff zu nehmen. Sie argumentieren: Selbst, wenn es sachgemässer wäre, die gerichtliche Voruntersuchung durch die Untersuchung des Staatsanwalts zu ersetzen, so brächte doch die weitere Aufrechthaltung der ersteren keinen ersichtlichen grösseren positiven Nachteil; mit Rücksicht auf das sporadische Vorkommen der gerichtlichen Voruntersuchungen, deren Anzahl von Jahr zu Jahr sinkt, solle man es bei den gegenwärtig geltenden gesetzlichen Bestimmungen sein Bewenden finden lassen.

Diese Argumentation scheint nicht ohne Einfluss auf die der Gesetzgebung näherstehenden Kreise geblieben zu sein.

Der Gedanke, das Institut der gerichtlichen Voruntersuchung allmählich absterben zu lassen, hat für jene, welche die Mühen einer jeden neuen Gesetzgebung scheuen — und deren gibt es gar viele — etwas Verlockendes. Man fühlt sich der Notwendigkeit enthoben, ein bestimmtes Prinzip zur Gänze aufzugeben und glaubt sogar noch durch eine gewisse Zeit hindurch die Vorteile zweier verschiedener, ja selbst einander entgegengesetzter Systeme nebeneinander geniessen zu können.

Weiter glaubt man der Frage keine solche Bedeutung beimessen zu sollen, um sofort an ihre Lösung schreiten zu müssen; zuvor hätten — so erklärt man — andere wichtigere Fragen bezüglich der Reform des Verfahrens geordnet zu werden.

Nun werden freilich diese „anderen wichtigen Fragen" auch nicht geordnet, aber durch die Berufung auf dieselben erhält die Zögerung an die Beseitigung der gerichtlichen Voruntersuchung heranzutreten, einen gewissen Schein der ernsten Sorge um die Interessen der Strafrechspflege.

Rekapitulieren wir gegenüber derartigen Einwendungen gegen die Aufhebung der gerichtlichen Voruntersuchung die Gründe, welche für die sofortige Inangriffnahme der Reform sprechen.

Zunächst halten wir es für ein Erfordernis des Rechtsstaates, dass das Gesetz in demselben zur ausschliesslichen Wirksamkeit zu gelangen habe.

Es reicht weit über die Bedeutung des betreffenden Einzelnfalles hinaus, wenn in bestimmten Verhältnissen das Gesetz nicht beachtet oder gar absichtlich umgangen zu werden pflegt. Dadurch wird die Rechtssicherheit nicht allein in dem betreffenden Punkte, sondern im allgemeinen bedroht und die hierdurch bereiteten Gefahren gehören zu den schädlichen Imponderabilien des Rechtslebens, welche in einem geordneten Staatswesen um jeden Preis vermieden zu werden haben.

Eine Praxis, die, wie in unserem Falle in Deutschland wie in Österreich dazu geführt hat, dass die Regel zur Ausnahme und die Ausnahme zur Regel geworden ist, muss die ihr entsprechende gesetzliche Grundlage erhalten oder sie muss die dem Gesetze entsprechende Rückbildung erfahren, der Zustand des Widerspruches zwischen Praxis und Gesetz darf keinesfalls zu einem latenten sich herausbilden.

Sehr zu Unrecht sucht man die Forderung nach Aufhebung der gerichtlichen Voruntersuchung zu bagatellisieren; die Beseitigung des Institutes bildet die unerlässliche Vorbedingung für die Anbahnung und Durchführung der übrigen Reformen, welche den Schutz der wichtigsten Güter der Staatsbürger unmittelbar zum Gegenstande haben.

Muss man zugeben, dass ein mit der Untersuchung des Straffalles betrauter Richter dem Verfolgten den ihm gebührenden notwendigen Schutz gegenüber gewissen Zwangsmassregeln nicht zu bieten vermag, so muss für eine andere, als die bisher geltende Institution Raum geschaffen werden, und ein solcher Versuch führt vor allem zur Beseitigung der letzteren. Das zu proponierende kontentiose mündliche und öffentliche Zwischenverfahren über die Rechtmässigkeit der verhängten Untersuchungshaft, der vorgenommenen Haus- und Personsuntersuchung usw. schliesst die richterliche Initiative bei diesen prozessualen Zwangsmassregeln zur Gänze aus, weil doch der Richter erster Instanz im kontentiosen, mündlichen und öffentlichen Verfahren nur über die Prozessparteien, nicht aber über einen anderen Richter — den Untersuchungsrichter — zu Gericht sitzen kann.

Wir verweisen endlich zum Behufe der Unterstützung des Vorschlages, dass die Vorbereitung der Anklage ausschliesslich dem Ankläger zuzuweisen sei, auf das Einfache und Natürliche dieses Gedankens, der in jeder rechtlichen Verfahrungsart seine Verwirklichung findet; dass es im Strafverfahren anders sein sollte, dafür ist absolut kein Grund aufzufinden.

Wir wünschen aber auch die **baldige** Inangriffnahme der Reform, um uns vor der Gefahr der Rückkehr des alten gemeinrechtlichen Inquisitionsprozesses bewahrt zu sehen. In unseren „Reformen" — S. 129 — konnten wir auf die Vorschläge Bornhaks und Ortloffs verweisen, welche dartun, dass eine solche Gefahr nicht ausgeschlossen sei; auch die Ausführungen des Herrn Prof. Gross bekunden eine bedenkliche Hinneigung zu Prinzipien, die man längst für abgetan halten zu können glaubt. So erschwert jede Säumnis die Verwirklichung der bereits unvermeidlich gewordenen Reform, sie erhöht die Zaghaftigkeit, mit welcher man an die Änderung bestehender gesetzlicher Bestimmungen herantritt, vermehrt aber gleichwohl das Gefühl der Unzufriedenheit mit den bestehenden Verhältnissen, während durch die Beschleunigung der Inangriffnahme der allseitig als unerlässlich anerkannten Revision des Vorverfahrens, der guten Sache sicherlich ein guter Dienst geleistet werden würde!!

Herrosé & Ziemsen, Wittenberg.

FSC
www.fsc.org
MIX
Papier | Fördert
gute Waldnutzung
FSC® C083411

Kolibri 360 GmbH
Ferdinand-Jühlke-Straße 7
99095 Erfurt, Deutschland
produktsicherheit@kolibri360.de